発見！九州の滝

100の絶景 3

熊本広志

海鳥社

はじめに

メジャーになった滝めぐり

滝はいつからこんなに人を引きつけるようになったのでしょうか。日本各地では昔から、深い山は神が舞い降りる聖地、そして滝は神宿る聖域として崇められてきました。今でも多くの滝で見られる観音像や不動明王像などが、このことを物語っています。

九州の滝めぐりを始めたのは15年ほど前からと記憶しています。滝に近づくと山道は狭くなり人里からも離れ、たまにすれ違う対向車に驚いたものでした。それはあたかも、自分だけの自然空間を求めて、命の洗濯をするための巡礼を行っているような感覚でした。ところが今は……夏を迎えた滝は、まるで海水浴場のような賑わいです。左ページの写真は福岡県糸島市の白糸の滝。夏休みに入ると、ソーメン流しに焼きとうもろこしなどの出店、人工的に堰《せ》き止められた釣り堀での鮎釣り。滝壺で泳ぐ子供たちや記念撮影に夢中の親子連れ、老若男女でごった返し、駐車場は満車状態が続きます。主である滝の神様も、押しかけて楽しんでいる民衆を見て、さぞかし苦笑していらっしゃるに違いありません。

さて、今回の出版は九州再発見のガイドブックとして3作目であ

り、1作目の『九州の滝　100の絶景』の続編です。この1作目は、日本の滝百選に選ばれた滝や、地元で愛されている有名な滝を中心に構成しました。これらの滝の周りには土産店が並び、観光客が次々に訪れるため、フレーム内に人が写りこまないよう撮影するのに苦労したものでした。

それに対して今回は、魅力的ではあるもののあまり知られていない滝を取材しましたので、到着して撮影を終えるまで全く人に会わないことも多々ありました。ただし、アクセス面も考慮して、秘境の滝は最小限に留め、車を降りて10分ほどで到着できる滝を中心に紹介しています。中には、すぐそこにあるのに、道なき道をかき分けて……ということも体験しました。

『発見！ 九州の滝』と名付け、「滝を探しに行こう！」をコンセプトとしたのはこのためです。私自身、こんな身近に、まだこんなに多くの滝があるとは驚きでした。本書が皆さんの冒険心をかき立て、喜びと驚きを感じていただければ、著者としてこんなに嬉しいことはありません。

自然を慈しみ、何も残さない、何も持ち帰らない……。大切な想い出だけを心に、そして写真に残しましょう。

それでは、くれぐれも気をつけて、行ってらっしゃい！

熊本広志

索引図

山口県
美祢
山口
防府
周南
光
山陽
宇部
下関
北九州
小倉
黒崎
遠賀
宗像
九州道
古賀
直方
行橋
田川
みやこ
飯塚
篠栗
福岡
添田
中津
前原
太宰府
嘉麻
福岡県
東峰
唐津
三瀬
鳥栖
朝倉
平戸
松浦
多久
神崎
長崎道
久留米
日田
伊万里
武雄
大川
八女
有田
佐世保
佐賀県
柳川
黒木
鹿島
南関
山鹿
大牟田
東彼杵
西海
菊池
玉名
大村
雲仙
諫早
島原
熊本
熊本県
長崎県
宇土
宇城
山都
上天草
八代
苓北
天草
五木
長島
水俣
人吉
湯前
出水
大口
阿久根
えびの
小林
さつま
薩摩川内
始良
霧島
いちき串木野
日置
鹿児島
垂水
鹿児島県
南さつま
知覧
枕崎
指宿
鹿屋
肝付
錦江
南大隅
大崎
志布志
曽於
都城
串間
日南
宮崎
宮崎道
東九州道
高鍋
西都
西米良
都農
宮崎県
椎葉
諸塚
日向
延岡
北川
高千穂
豊後高田
国東
宇佐
杵築
別府
大分
由布
玖珠
大分道
臼杵
津久見
大分県
小国
阿蘇
竹田
豊後大野
佐伯

●本書で紹介した滝の所在地や交通ルートについては、最新の道路地図やインターネットによる情報などをもとに、各市町村に直接問い合わせて確認しました。ご協力いただいた方々に心より感謝申し上げます。

●本書掲載の滝は、ドライブの途中に気軽に楽しめるよう、駐停車して徒歩5分から15分程度のところが大半です。しかし、油断は禁物。短パンやハイヒールなどの軽装は避けて下さい。

●『九州の滝　１００の絶景』に比べると、今回は観光地ではない滝も多く含まれています。滝に向かう道が険しく、各市町村より紹介は好ましくないとされた場所は掲載を見送りましたが、災害などで歩道が寸断されている場合もあり得ます。状況が悪ければ無理をせずに引き返すなど、心に余裕をもって出かけましょう。

●本書掲載の滝の中には人々の信仰の場というところもあります。「来た時よりも美しく」を心がけ、心無い行動は謹んでいただくようお願いいたします。

●それぞれ高速自動車道のＩＣからのルートを紹介していますが、内陸部にある滝は高速道を省略しています。

●各市町村でも詳細が不明な滝については問い合わせ先を記載していません。

●情報が限られているため、滝の落差や方向が正確でない場合があります。

●名がない滝については「無名滝」あるいは「仮称」として紹介しています。

●本書巻末に「私流　滝写真の撮り方」を掲載しています。手つかずの自然のままの滝も多く、現場が荒れているところもありますが、皆さんが出合った風景の美しい部分を写真というかたちで持ち帰れるよう、著者として切に願っています。

福岡県

鮎返りの滝（18ページ）

不動の滝《ふどうのたき》

落差10m

岩盤の形状で水がユリの花弁のように折り重なる姿が美しい

九州自動車道八女ＩＣから国道４４２号線、県道52・57号線を通って星野村より矢部村方向へ。熊《くま》渡《と》橋バス停より左折して約３km先。福岡県水質調査で「一番綺麗な川」の指定を受けた星野川の源流にある滝。

星野村を代表する石積みの棚田の絶景を展望台から眺める。彼岸花とのコントラストは秋の風物詩

上：地元の子が書いたのだろう。いつまでも「いいところ」であってほしいものだ
左：鎌倉時代より山伏がここで滝に打たれたといわれ，神々しい雰囲気が漂う

所在地●八女市星野村滝の脇［駐車スペース有］
問合先●八女市役所星野支所　☎0943－52－3111

八ツ滝《やつたき》

落差12m

緑生い茂る夏の八ツ滝

上左：深まる秋，長さ150mの「杣の大吊り橋」を渡ると，眼下には錦秋の絶景が広がる
上右：秋色に染まる八ツ滝
下左：杣の里渓流公園入口の「杣の迎戸館」。入場は無料で地図がもらえる。杣の里渓流公園にはレストランや宿泊施設も完備されている

九州自動車道八女ＩＣから国道４４２号線を矢部村へ向かい日向神《ひゅうがみ》ダムを越え、杣《そま》の里《さと》渓流公園方面へ左折する。八ツ滝とは鱒淵《ますぶち》ダム上流の滝群の総称で、渓谷沿いに登山道がある。県下最高峰の釈迦ケ岳、御前岳の登山口にある滝で、四季折々に変化する絶景を見せてくれる。

所在地● 八女市矢部村北矢部
［駐車スペース有］
問合先● 八女市役所矢部支所
☎0943－47－3111

行者の滝《ぎょうじゃのたき》

落差25m

八女市役所矢部支所から杣の里キャンプ場へ。1km先右側に公衆トイレがあり、その先を右折して約1km、坂道を上りきると「足掛《あしかけ》地蔵尊」と書かれた木柱が立っている。ここが駐車スペースで、徒歩数分。昔から修業の場として知られ、足の怪我に苦しむ人たちが自分の足を木に形どり奉納すると治ったことから「足掛地蔵尊」と呼ばれるようになったという。

所在地● 八女市矢部村北矢部
[駐車スペース有]
問合先● 八女市役所矢部支所
☎0943－47－3111

＊地図は11ページ

右：静かに滑り落ちるように流れる
下左：地蔵と巨木の後ろに落ちる行者の滝
下右：ツタが絡まる巨木と滝が，時代を超え神秘的な空間を創る

納又滝《のうまただき》

落差18m

九州自動車道八女ＩＣから国道４４２号線、県道52号線北川内信号を県道70号線へ左折、田主丸《たぬしまる》に向かう県道70号線の左側に案内表示あり。「ほたると石橋のまち」で知られる上陽町で、「県の森林百選」に指定された地区にある。南北朝時代、懐良《かねなが》親王が静養に訪れた場所として不動尊が祀られ、縁結びの神として多くの参拝客が訪れる。毎月第４日曜日に縁日、春と秋に大祭が行われている。

上：滝の上には注連縄がかけられ，2条に分かれた清水が落下する
右上：入口から滝まで歩いて数分
右下：田主丸へ向かう県道70号線の左側に滝への上り道がある

所在地●八女市上陽町上横山［駐車場有］
問合先●八女市役所上陽支所建設経済課　☎0943－54－2219

琴弾の滝《ことひきのたき》

落差10ｍ

福岡市内より八木山《やきやま》バイパス穂波東《ほなみひがし》ＩＣから田川バイパスを走って田川市に入り、国道２０１号線を香春《かわら》町へ向かう。清瀬橋を右折して県道52号線の先、中津原を左折、県道４１８号線を南下して赤村に入る。10分ほどで赤中学校の交差点を左折してその先を右折、あとは道なりに進む。その昔、天智天皇がこの滝のほとりで休まれた際、天女が舞い降りて琴を弾きなぐさめたのが滝の名の由来という。何とも夢のあるネーミングである。

上：赤い岩盤に白い帯を垂らすような繊細な滝
下：下流まで赤い渓谷が続く

所在地●田川郡赤村
［駐車場有］
問合先●赤村役場
☎0947－62－3000

大音の滝《おおおとのたき》

落差10ｍ

琴弾の滝からさらに２㎞ほど上ったところで、駐車してすぐ滝の側まで行ける。近づくと名の由来がわかる轟音が響く。

上：木漏れ日に輝く２段落ちの名瀑
右：広い滝つぼ周辺を散策してみよう

所在地●田川郡赤村［駐車スペース有］
問合先●赤村役場　☎0947－62－3000
＊地図は右ページ

鮎返しの滝《あゆがえしのたき》

落差7m

福岡市内から国道３８５号線を那珂川《なかがわ》町へ南下、南畑ダムの手前一帯、筑紫耶馬渓《やばけい》に落ちる滝。大分の耶馬渓に比べると規模は小さいが、釣りや川遊びができる公園が整備され、地元の人たちの憩いの場となっている。落差は小さいが、新緑や紅葉とのコントラストは一服の清涼剤だ。

上：一帯は新緑，紅葉の景勝地。四季を通して訪れてみたい
右ページ・右：これを見れば，遡上する鮎が押し返されたというのも納得できる
左：晩秋の筑紫耶馬渓

所在地●筑紫郡那珂川町市ノ瀬・筑紫耶馬渓
［駐車スペース有］
問合先●那珂川町役場　☎092－953－2211

鮎返りの滝《あゆがえりのたき》

落差8m

福岡市内から国道3号線を下り、県道60号線を経て四王寺《しおうじ》林道に入るルートと、太宰府市中心部から県道35号線を経て四王寺林道に入るルートがある。市販の道路地図に「大野城跡」や「県民の森」の表記があり、そこを目指して行けばわかりやすい。

上：滝周辺はほどよく広い空間で森林浴も楽しめる。福岡の市街地近くに滝があるとは驚きだった

右：古代の山城・大野城跡の「百間石垣」。長さ180mで約100間あることからこの名がついたという

所在地● 糟屋郡宇美町
四王寺県民の森内
［駐車スペース有］

問合先● 宇美町役場
☎092－932－1111

佐賀県

鳴滝（29ページ）

轟の滝《とどろきのたき》

全落差11ｍ（3段）

3段に落ちる滝を橋の中央から望遠で撮影した

轟の滝の左側にも滝が落ちている。市街地にある滝でこんなに広いところも珍しい。手前の水深が浅いところは板状の岩盤となっており，カモの親子が気持ちよさそうに散歩していた

長崎自動車道嬉野ＩＣから県道1号線、国道34号線を走り大村方面へ向かう。市役所嬉野庁舎を過ぎて約2㎞先の左手に「轟の滝公園」の表示があり、駐車場からすぐ行ける。よく整備された公園で、滝壺は2500㎡もあり橋が架けられている。春は桜、夏は水遊びと、市民の憩いの場として有名で、嬉野市のホームページなどでは観光スポットとして大きく紹介されている。

所在地● 嬉野市下宿丙［駐車場有］
問合先● 嬉野市観光商工課
☎0954－42－3310

岩屋川内の無名滝《いわやがわちのむめいだき》（仮称）

落差20ｍ

上：岩山から流れ落ちる美しい滝
下：現場はこうなっている。私有地なので立ち入らないこと。道路沿いからガードレール越しに見てください

嬉野町の国道34号線を県道6号線へ３㎞ほど走って岩屋川内ダムに向かう。入口から２００ｍ先の左側岩壁に見える。付近は私有地と書かれているので、滝壺まで近づくことはできない。車の窓を閉めて走ると滝の音が聞こえず、ダムの向こうまで走ってしまい、周辺を見渡した時に発見した。嬉野市役所に問い合わせたが特に名はなく、遠望になるが素晴らしい滝だった。

所在地● 嬉野市岩屋川内［駐車スペース有］
問合先● 嬉野市観光商工課
☎0954－42－3310

＊地図は21ページ

藤隠の滝《ふじがくれのたき》

落差7m

小城市の県道48号線の山王北交差点より県道267号線へ。約2㎞走り、「夢とロマンの丘公園」へ右折、管理事務所へ。階段を上り、滝と書かれた看板に従って徒歩5分で着く。

上左：シンプルな滝で，右下に木材のような質感の岩がくい込んでいる
上右：下流まで3段滝となっている
左：滝まで続くよく整備された木道。歩いて3分ほど

所在地●小城市三日月町東分［駐車場有］
問合先●小城市役所　☎0952－63－8800
＊地図は25ページ

七曜の滝《しちようのたき》

全落差90ｍ（数段あり）

最上部の落差10mの滝。新緑のモミジがアクセントとなって，日本の滝はかくも素晴らしい

長崎自動車道佐賀大和ICより県道48号線に出て県道44号線、さらに県道290号線に入り、約2km先を江里山観音方面へ右折する。案内標識もあるが、江里山《えりやま》観音を目指して向かうと近くに滝がある。名の由来は15世紀半ば、日詠上人が七曜大尊星の化身になった神話が起源だという。

上2枚：下流に続く滝。それぞれ個性があって音も優しい
左：駐車スペースから森を通って民家の横を歩く。案内板や歩道はよく整備されている
下：観光看板には「江里山の棚田」が案内されている。彼岸花咲く時期に訪れてみたい

所在地● 小城市小城町岩蔵江里山
［駐車スペース有］
問合先● 小城市役所
☎0952－63－8800

不動の滝《ふどうのたき》

落差7m

前ページの七曜の滝から県道２９０号線に戻り、約３㎞北上。左側に神社の小さな鳥居先を大きく左折すると、１００m先に駐車場がある。徒歩数分。滝は数カ所に分かれ、最上部に小さな橋がかかる。

上右：幾重にも重なるようなごつごつした岩を伝って落ちてくる
上左：ジグザグにくねるなだらかな滝が下流まで続いていた
右：滝左側に切り立つ大岸壁は圧巻だ

所在地●小城市小城町岩蔵石体［駐車場有］
問合先●小城市役所　☎0952－63－8800
＊地図は25ページ

荒瀬の滝《あらせのたき》

全落差20m（3段）

福岡より国道263号線を三瀬《みつせ》村方面へ向かい、池田の信号を県道21号線へ左折する。約6kmで県道51号線へ左折、約2km先に荒瀬の滝の看板がある。歩道を川へ数分下る。訪れたのは入梅前だったが、水量豊富で3段に連なる豪快な滝。下の写真の無名滝は、荒瀬の滝に向かう県道51号線、1kmほど手前の川沿いに見える。

ここは晴天の昼間の撮影は避けた方が無難。ご覧の通り明暗差が大きいので曇りの日が狙い目

右上：初めて訪れたとき，荒瀬の滝と勘違いした無名滝。落差はさほどないが，斜めに勢いよく落ちる姿にしばらく見入ってしまったほど
右下：滝への下り口

所在地● 神埼市脊振町頭野［駐車スペース有］
問合先● 神埼市役所　☎0952－52－1111

後鳥羽神社の滝

ごとばじんじゃのたき（仮称）

落差５m

ひっそりとした古い神社の奥に清流を落とす

前ページの荒瀬の滝から県道21号線に戻り、三瀬村方向へ約４kmで県道２７３号線に左折する。約４km南下すると後鳥羽神社の案内があり右折、駐車場まですぐ。その昔、承久《じょうきゅう》の乱により隠岐島《おきのしま》に流された後鳥羽上皇が密かにこの地を訪れた。没後、御霊を神として祀ったのが後鳥羽神社の始まりという。この滝は嘉瀬《かせ》川に流れ、佐賀市の水がめの源流になっている。

上：一帯は静かでタイムスリップしたかのような古都の雰囲気が漂う。
右：駐車場付近は自然公園として整備され，四季折々の花が咲く。菜の花やシャクナゲが迎えてくれた

所在地● 神埼市脊振町後鳥羽院
［駐車場有］
問合先● 神埼市役所　☎0952－52－1111
＊地図は27ページ

鳴滝《なるたき》

落差6m

後鳥羽神社から県道２７３号線を約６km南下し、県道２０９号線へ左折、約４km先の道路下に見える。滝への道はなく、道路から滝を見下ろすことになる。

上：滝の真上，ガードレール越しに眺めても，
滝の全景は何とか見える
下：道なき道を下りていって撮影した末広がりの滝。皆さんは無理しないでください

所在地●神埼市脊振町鹿路［駐車スペース有］
問合先●神埼市役所　☎0952−52−1111
＊地図は27ページ

洞鳴の滝《どうめいのたき》

落差3m

福岡から佐賀方面へ国道２６３号線を走り県道46号線へ左折、約４００ｍ先右手にわかりやすい看板がある。滝壺まで徒歩2分。以前はもっと大きな滝で、轟々と流れ落ち、洞窟の中から聞こえる音が龍の声に似ているとして命名された。身分の違いから仲を裂かれて身投げしたという村娘を慰める観音様が祀られている。民家の前にある滝壺はとても広い。地元の子供たちにとっては自然のプールなのだろう。

所在地●佐賀市三瀬村広瀬［駐車場有］
問合先●佐賀市役所三瀬支所
☎0952－56－2111

＊地図は27ページ

上：滝の前の岩に，神様のいたずらか一輪の菜の花のプレゼントが
中：民家の奥の緩やかな階段を下ってすぐ，目の前が広い滝壺になっている
下：見通しのよい県道沿いに整備された丘と看板

つづらの滝

落差30m

福岡より国道２６３号線から県道２９９号線、国道３２３号線経由で富士町大串方面へ。大串公民館より林道一本黒木線に入り約８００ｍ先を左折し、約６００ｍで左側に大串境野公園の案内板あり。緩やかな遊歩道の登り坂を徒歩数分。全落差は30ｍを超え、県内では相知《おうち》町の「見帰りの滝」に次ぐ大きな滝。わずかにネット上で紹介されている程度で、ほとんど知られていないようだ。駐車場は数台分のスペースがあり、トイレも完備されているが、場所がわかりづらく荒れていた。

上：水量乏しい春に訪れたが，遙か山の奥からジグザグに落ちてくる流身が美しい
右：下流にも渓谷や小滝の連続だが，写真ではこれが精一杯。下流は倒木や枝が流れ込み無残な状態。実に惜しい！

所在地●佐賀市富士町大串
［駐車場有］
問合先●佐賀市役所富士支所
☎0952－58－2860

雄淵の滝《おぶちのたき》

全落差70ｍ（4段）

福岡より国道２６３号線を佐賀方面に向かい、三反田交差点を県道２０９号線へ右折し約４・５㎞。雄淵・雌淵公園の駐車場付近に落ちる。国道３２３号線を通る場合は、雄淵トンネルを抜けるとすぐ雄淵・雌淵公園に下る道があり、駐車して緑色の橋を渡り滝に行ける。トンネルの手前右の山側には「御手洗の滝」も落ちている。

上：４段の美しい滝で下流にも段瀑となって流れている。一番下のこの滝は８ｍくらいだろうか
左：滝の右側にある階段を上っていくと，滝の上部まで見ることができる

所在地●佐賀市富士町上熊川
［駐車場有］
問合先●佐賀市役所富士支所
☎0952－58－2860

＊地図は31ページ

音羽滝《おとはがたき》

落差10m

雄淵・雌淵公園からさらに国道323号線を西へ2㎞、三叉路から県道37号線を案内板に従って厳木《きゅうらぎ》方面へ約15㎞ほど。厳木ダムの手前付近の左側にガードレールで囲まれた駐車場らしき場所があり、「音羽滝」の看板がある。発電用に取水されているそうで水量が少ないため、雨の後に行った方が景観が良い。偶然見つけた滝で、本書のタイトル「発見!」のきっかけになった。

上：整備された公園の階段を下っていくと，対岸に遠望できる。大きく迫り出したモミジが印象的で，その奥の暗い岩盤に落ちていた
右：歩道沿いには渓流が流れ，小さな橋もかかっている

所在地● 唐津市厳木町天川
［駐車スペース有］
問合先● 唐津市役所厳木支所
☎0955－53－7115

玉散りの滝《たまちりのたき》

落差10ｍ

音羽滝から県道37号線を西へ走り、国道２０３号線へ右折、唐津方面へ進み、浜白橋交差点から右折する。道なりに２km走ると三叉路があり、右へ５００ｍほどで小さな玉散橋がかかる川の奥に隠れるように落ちている。有名な日本の滝百選「見帰りの滝」が近くにあり目立たぬ存在だが、静かで味わいのある滝と思う。

右：西向きの滝なので，よく晴れた日の午後に訪れると虹がかかる

左：田んぼへの水の供給のため，滝の真ん中から取水用の竹筒が敷かれている。写真を撮る身とすれば景観を損ねるなどと言いたくもなるが，人の生活に溶け込んでいる大切な水源。うまくかわして撮りましょう

所在地●唐津市相知町伊岐佐
［駐車スペース有］
問合先●唐津観光協会相知支所
☎0955－51－8312

長崎県

小樽の滝（38ページ）

霧降《きりふり》の滝《たき》

落差35m

長崎自動車道東そのぎＩＣから国道34号線を３㎞下り、県道１９０号線に入って千綿《ちわた》渓谷に向かうと駐車場付近に霧降の滝の滝見台がある。上流の「竜頭泉《りゅうとうせん》」まで48もの淵があるという。渓谷沿いを散策すると、巨岩・奇岩がごろごろと転がっていて、大自然の力に度肝を抜かれる。

撮影は少雨の秋口，高い岸壁に霧のように落ちる姿が対岸に見えた

所在地● 東彼杵郡東彼杵町中岳郷［駐車場有］
問合先● 東彼杵町役場　☎0957－46－1111
＊地図は左ページ

呑空淵《どんくうぶち》

落差8 m

右ページの霧降の滝から千綿渓谷沿いに歩道を約10分歩いていくと呑空淵、その上流に竜頭泉と続く。

上：苔むした岩，蒼い滝つぼはかなり深そうだ
右：渓谷を塞ぐ，直径10mはあろうかという切り立った巨岩群

所在地● 東彼杵郡東彼杵町中岳郷
［駐車場有］
問合先● 東彼杵町役場
☎0957－46－1111

大樽の滝《おおたるのたき》 小樽の滝《こたるのたき》

落差７ｍ

落差10ｍ

　前ページの千綿渓谷から県道１９０号線を国道34号線に戻り、約４㎞南下して「やすらぎの里」の看板から左折、道なりに3分ほど走る。大樽の滝は見通しのよい河川公園「やすらぎの里」江の串川の上流に見える。滝壺付近は護岸工事が施され、緩やかな斜面を簡単に下りていける。夏場は子供たちの水遊び場として活用されているのだろう。小樽の滝は公園の左側の森林の奥にあり、途中から草薮をかき分けながら数分ほど坂を登ると見えてくる。

所在地● 東彼杵郡東彼杵町里郷
［駐車場有］
問合先● 東彼杵町役場
☎0957－46－1111
＊地図は37ページ

右：少雨期でも水量豊富で轟音を轟かせる大樽の滝
上：とても長く綺麗な歩道を一直線。遠くからも滝が見えている

左：大樽の滝とは全く異なるタイプの小樽の滝。落差はこちらの方が大きい
下：大樽の滝へ向かう橋を渡って川沿いの道を歩き，突き当たって右へ斜面を数分登ると小樽の滝

山田の滝《やまだのたき》

落差11ｍ

長崎自動車道大村ＩＣで下りて右折し、共立病院方向へレインボーロードを走る。少し先の山田の滝の小さな看板から左折し、山田神社の鳥居が見えるまで道なりに進む。渓谷沿いを徒歩10分ほどで辿り着く。入口には「明治維新の志士が血盟を交わした場所」と書き記されており、霊場の雰囲気が漂う神々しい一帯である。上流には滝や淵が連なっているらしいが、道が荒れていて進むのは困難な状況だった。

右：さほど大きな滝ではないが，渓谷の奥へ続く岩盤の凄さに目を奪われる。流木を避けて撮った１カット
下：滝に向かって左側の岩盤に祠が彫り込まれている

所在地● 大村市上諏訪町
［駐車スペース有］
問合先● 大村市役所
☎0957－53－4111

八十八尺の滝《はちじゅうはっしゃくのたき》

落差25ｍ

長崎自動車道長崎ＩＣで下りて県道２３７号線から国道４９９号線に入り２㎞ほど南下、土井首《どいのくび》郵便局を右に見て、すぐ先の土井首バス停先の信号を左折して数分、分かれ道を右へ川沿いに数分で鳴瀧山観音寺前の広い駐車場に入る。滝はここから見えている。１尺は30・3㎝、八十八尺だと26ｍほど、なるほど、つじつまは合っている。

左：森林の奥から２段に落ちる滝
下：たくさんの不動明王や地蔵が並んでいる

所在地● 長崎市鹿尾町
鳴瀧山観音寺内
［駐車スペース有］

一条の滝《いちじょうのたき》

落差30m

階段を数段下りると滝壺に行ける。観光客が滝観賞を楽しんでいた

長崎自動車道長崎多良見《たらみ》ＩＣから長崎バイパスへ渡り、間ノ瀬ＩＣで下りて県道45号線を5分ほど下っていくと右側に滝の観音入口がある。間ノ瀬川中流にある滝で、長瀧山霊源院の境内奥に落ちている。境内には唐風の石仏が何体も立ち並び、幽玄な雰囲気を漂わせている。弘法大師が立ち寄ったゆかりの地といわれ、長崎県指定名勝の第1号である。拝観料２００円。

左上：自然風景と一体となった，禅を組む石仏たち。滝以上に魅せられてしまった
左下：苔むした羅漢橋でしばし森林浴

所在地●長崎市平間町間の瀬［駐車場有］
問合先●長崎市役所　☎095－822－8888

仙落しの滝《せんおとしのたき》

落差20ｍ

長崎自動車道諫早ＩＣから国道57号線を雲仙方面へ向かう。千々石《ちぢわ》町で県道２１０号線へ左折、５㎞ほど先に三叉路があり、滝方面へ左折して突き当りまで進むと、とても広い駐車場がある。滝はすぐそこに見えている。

左上：断続的に雨が降る梅雨の末期に訪れたが水量は少なかった。流身がとても美しい静かな滝

左下：吸い込まれそうに蒼く輝く滝壺は神秘的だ

所在地●雲仙市千々石町小倉［駐車場有］

問合先●雲仙観光協会　☎0957－73－3434

奥の口橋下の滝《おくのくちばししたのたき》（仮称）

落差5ｍ

上：この木造橋の右横に奥の口橋がかかる
左：橋の上から見ると，ひょうたん型にえぐられた岩の間に滝が落ちる様子がわかる

西九州自動車道佐世保三川内《みかわち》ＩＣから国道２０２号線を北上し、伊万里市街から国道４９８号線へ南下する。国見トンネルを抜けて県道54号線に入り、小塚岳トンネルを抜けて世《せ》知原《ちばる》町へ。県道11号線へ左折して約１km、西福寺へ右折し約２００ｍ走って道路突き当たりまで行くと弦掛《つるかけ》観音ゲートが見える。ゲートをくぐってさらに公園奥にある駐車場まで下る。徒歩３分ほどで奥の口橋があり、その下流に滝は落ちている。世知原町には明治から昭和にかけて造られたアーチ式石橋が数多く点在し、奥の口橋は平戸にオランダ商館が建造された頃のヨーロッパスタイルだという。しかし、目的はその下に落ちる滝。橋の上から滝を撮影した後、全景を撮ろうと道なき道を川へ下りると、感動の光景が待っていた。

右：幾層にも重なる地層の奥に小さな滝が見えたとき，ひとすじの光が滝壺を射した。まるで３Ｄ映画の世界。煌めくエンジェルたちが飛び交うような空間にしばし酔いしれた

下：高さ７ｍほどの地層が迫り，いたるところから岩清水が流れている

所在地●佐世保市世知原町［駐車場有］

龍王の滝《りゅうおうのたき》

落差７ｍ

長崎自動車道武雄北方ＩＣから国道４９８号線を伊万里市へ走り、国道２０４号線を北上、松浦市街から県道11号線へ左折、８㎞ほど走って県道５号線へ左折する。しばらく走り「松浦市民休養地　柚木《ゆのき》川内《がわち》キャンプ場」の看板に従い右折、志佐《しさ》川沿いの右側の道を上流へ数分走り抜けるとキャンプ場やログハウスが見えてくる。駐車場から徒歩数分で神社に着き、その右奥の歩道沿いから滝が見える。

右：一帯は薄暗く，滝の真上から陽が射して白い滝が龍のように浮かび上がった

左上：この看板が目印。ここを右折したら道なりに数分
左下：夏休みはキャンパーたちで賑わうのだろうが，シーズンオフのため誰もいなかった

所在地●松浦市志佐町［駐車場有］
問合先●松浦市役所　☎0956－72－1111

大分県

狸穴の滝（59ページ）

黄金の滝《おうごんのたき》

落差10m

大分自動車道日田ＩＣから国道２１２号線を小国町へ向かい、国道３８７号線に入り菊地市方面へ。道の駅「せせらぎ郷かみつえ」より約８km先の右手に見える。看板に「こがねのたき」とあったが、問い合わせると「おうごんのたき」と言われ一安心。こう呼ぶ方がスケールが感じられてこの滝らしい。近くには「上津江フィッシングパーク」があり、一帯の渓谷を流れる水の美しさは天下一品。時間を忘れて過ごしたくなる自然豊かなエリアである。

右：樹木が生い茂る夏，滝の全貌がなかなか見えない。川へ下りる階段もなく，道路沿いから望遠で撮影した
下：流れの速い滝の上流を覗き込んでみた

所在地● 日田市上津江町
［駐車スペース有］
問合先● 上津江振興局
☎0973－55－2011

笹野の無名滝《ささののむめいだき》（仮称）

落差5m

上：小川の切れ目に落ちる小滝。キラキラと輝く美しい絹の糸のように撮影した1カット
下左：浅い滝壺から流れる小川が本流へと続く
下右：小さな「第9笹野橋」のプレート。この橋越しに見える

前ページの黄金の滝から1㎞ほど道の駅方面に戻ると、小さな橋の後ろに見える。車窓から見えるが、行き過ぎてしまうのでスピードを出しすぎないようにしよう。

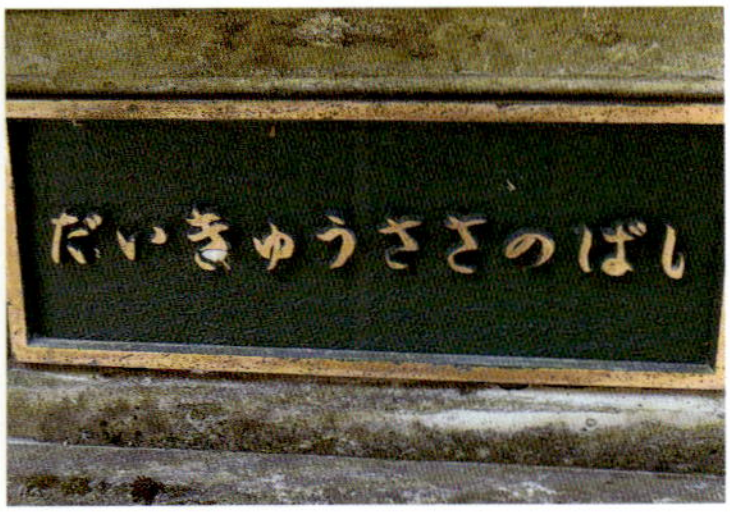

所在地● 日田市上津江町
［駐車スペース有］
問合先● 上津江振興局
☎0973－55－2011
＊地図は右ページ

権現の滝《ごんげんのたき》

落差15m

大分自動車道日田ＩＣから国道２１２号線経由県道６７３号線を約10km下り、出野小学校先を左折、３km上る。左側に滝の看板があり、歩道を１５０ｍほど下りていく。高瀬川の支流にかかる滝。撮影日は予期せぬ道路工事で遠回りしたが、期待外さぬ良い滝だった。

苔むした岩に木漏れ日が射す。蒼い滝壺に降り注ぐ滝の音。滝には癒しの宝物がいっぱいつまっている

上：ウエディングベールのような美しい流れに１本の滝スジは，小国町の「カッパ滝」を彷彿させる

所在地● 日田市前津江町柚木
［駐車スペース有］
問合先● 前津江振興局
☎0973－53－2111

（右ページ）
左：大きくて立派な看板に「遊歩道　これより150m」と書かれていたが……
右：幅が狭い荒れた小道（これが遊歩道？）を下りていく。反対側に落ちたら奈落の底へ

観音の滝《かんのんのたき》

落差20ｍ

大分自動車道日田ＩＣから国道２１０号線を天瀬《あまがせ》方面へ向かう道路沿いに看板が出ている。ゆっくり走らないと、あっという間に通り過ぎ、戻るのが大変。滝と駐車スペースは天瀬方面に向かって右側にあるので、対向車にも注意。走行中いつも看板を目にしていたが、撮影は後回しにしていた。想像以上に素晴らしく、観賞場所も完璧。つらい猛暑の夏でも一歩入れば別世界、車を降りて徒歩ゼロ分の穴場スポットだ。

玖珠川の支流に落ちる滝で，その形が観音様に似ていることから名付けられた

左上：道路から見ると，滝は薄暗い奥に見えている

左下：道路沿いの看板と日田バスの丸山バス停も目の前。滝の前にバス停というのも珍しい

所在地● 日田市天瀬町［駐車スペース有］

問合先● 日田市観光協会天瀬支部　☎0973－57－2166

清水瀑園《しみずばくえん》

大分自動車道玖珠《くす》ＩＣから国道３８７号線を約６km北上、道路の右側に案内板があるところを右折し、道なりに進む。仲田川にかかる小滝の集合地で、別名「内帆足《うつぱし》の滝」と呼ばれる。渓谷の奥には最大落差５ｍの滝があり、森の奥から湧き出す清水は一定の温度を保ち、盛夏でもとても涼しい。耶馬日田英彦山国定公園内にあり、「豊の国名水15選」にも選定されている。

滝の園（瀑園）とはよく名付けたものだ。庭の盆栽のように並んでいて，まるで滝コレクション

入口から立派な遊歩道があり，家族連れで楽しめる

所在地●玖珠郡玖珠町森［駐車場有］
問合先●玖珠町商工観光振興課
☎0973－72－7153
＊地図は55ページ

余の滝《あまりのたき》

落差48m

前ページの清水瀑園入口からさらに国道387号線を約20㎞ほど北上する。小さな案内板が見えたら余温泉方面へ右折、約2・5㎞先の余温泉より700mで駐車場に着く。車を降りて坂を上り、左方向へ徒歩数分で展望台。恵良《えら》川の支流の余川にかかる大瀑で、上流付近には日本の棚田百選「両合《りょうあい》棚田」があり、里山を活かした景観づくりで地域の観光名所となっている。

右ページ：切り立った巨大で鋭利な岩盤の間に飛沫を上げて落下する
左上：別名「末広の滝」とも呼ばれ，他に類を見ない形状の岩盤をもつ滝だ
左下：滝への歩道沿い，渓谷の奥に見えてくる。水量が多いときは広い観瀑台が水浸しとなる

所在地●宇佐市院内町上余［駐車場有］
問合先●宇佐市役所　☎0978－32－1111

国境の滝《こっきょうのたき》

落差7m

国境の滝は国道500号線の宇佐市安心院《あじむ》町と別府市の間にかかる国境橋から真下に見える。赤い表示看板あり。宇佐市と別府市との境目で、「国境」というネーミングはとてもユニーク。名付け親はいったい誰なのだろうか。

所在地●宇佐市安心院町須崎（須崎の滝側に駐車場有）
問合先●宇佐市役所
☎0978－32－1111
＊地図は左ページ

右上・右下：国境橋から見下ろし“発見”した国境の滝。真下にあるとは思いもよらなかった
下：国境橋の欄干。このすぐ下に見下ろせる

須崎の滝《すざきのたき》

落差20ｍ

須崎の滝は国境の滝からわずか１００ｍほど先に滝見台があり、遠望となる。夏は草薮が生い茂りガードによじ登らないと見えないが、近くまで行けたら相当な大きさに感じられるだろう。

左：草木の茂みから遠望し，やっとの思いで撮影した。秋は一帯が赤く色づき，見通しも良くなるらしい
下：国境橋の向こうに国境（？）を示す宇佐市安心院町の看板。横には「東椎屋の滝」の案内板も見え，安心院町一帯は滝三昧

所在地●宇佐市安心院町須崎［駐車場有］
問合先●宇佐市役所　☎0978－32－1111

奈多落しの滝《なたおとしのたき》

落差８ｍ

宇佐別府道路安心院ＩＣから国道５００号線を南下し、県道６５９号線へ右折して約２㎞、松本口バス停付近の案内板（「鉈落しの滝」と書かれている）から左折し、すぐ右側に下る。道なりに突き当たりまで進むと「奈多落しの滝」の由来が書かれた看板がある。その周辺が駐車場のようで、一部コンクリートで固められたような所が滝への歩道入口。案内標識は県道沿いにあるが、入口がわかりづらい。最後まで各所に案内板がほしいものだ。

所在地● 宇佐市安心院町板場［駐車場有］
問合先● 宇佐市役所　☎0978－32－1111
＊地図は57ページ

上：県道から入る入口の看板。ここから右へ下る。左に行くと葡萄園に入ってしまうので注意
中：看板の手前のコンクリートで固められた部分が滝への入口。ここを川沿いに下りていく
下：一の滝，二の滝と続く。写真は落差が大きい二の滝。その昔，奈多姫が誤って命を落としたという伝説が残る。無数の木漏れ日が乱舞するホタルのように湖面に輝いていた

上：高さは4m，幅が10mの美しい滝。周りの木々の緑と調和した，一服の清涼剤である
左：この看板が目印。観音や白糸，不動などの名称が多い中で「狸穴」という名は聞いたことがない

大分自動車道湯布院ＩＣから国道２１０号線を南下し、長湯温泉に向かって県道30号線を走り直《なお》入《いり》に入ると、道路沿いに狸の絵が描かれた可愛い看板がある。よく整備された木道を下りていくと、川幅いっぱいに落ちている。きれいな木道だが、苔が生え濡れていて滑りやすい。かくいう私も身体が宙に浮くほど転倒してしまった。整備されていても油断禁物！

所在地● 竹田市直入町上田北［駐車場有］
問合先● 竹田市商工観光課　☎0974－63－4807

湧水の滝《ゆうすいのたき》

落差20m

緑と清流のコントラストがとても美しい。静かに流れる安らぎの滝

所在地● 竹田市久住町老野［駐車場有］
問合先● 竹田市商工観光課
☎0974－63－4807

国道４４２号線を瀬の本から竹田へ走り、県道30号線へ左折する。２㎞ほど先の老野《おいの》湧水の看板から右折して約１㎞。老野湧水は妙見神社の脇に湧き出る水で「豊の国名水15選」に選ばれている。ここから１００ｍほど下流に「湧水の滝」が滾々と湧き流れている。

下左：小川のような湧水の水汲みを楽しむ。持ち帰る前に汲みたてを一杯がたまらない
下右：鳥居の左横に流れる湧水

雄飛の滝《ゆうひのたき》

落差7m

国道４４２号線を瀬の本より竹田へ向かい、７km先を左折し赤川温泉まで道なりに走る。許可をいただき、赤川温泉入口の右側から撮影した。赤川荘は国立公園内にある一軒宿で、九州屈指の秘湯。この滝は、温泉に入ると全景が見えるという情緒溢れる滝で、日帰り入浴や宿泊もできるので登山やドライブの休憩に立ち寄ってみてはいかがだろうか。

右：撮影当日は雨続きで水量が多かったが，もう少し静かなときが絶景らしい。次回はゆったりと入浴を楽しみながら観賞してみたい

左：温泉入口前に小さな滝と飲料温泉がある。味は……人それぞれかな？

所在地●竹田市久住町赤川
（駐車場有）
問合先●赤川温泉「赤川荘」
☎0974－76－0081
竹田市商工観光課
☎0974－63－4807

祖母山一合目の滝《そぼさんいちごうめのたき》

落差18m

上：２段落ちの段瀑。滝壺は蒼く広大
下：滝への入口。登山道なので覚悟して登っていったが，５分も経たずに到着で拍子抜け

竹田市内から県道８号線を経由して県道６３９号線を南下する。神原渓谷沿いを通り、神原側の祖母山登山口の駐車場下にある。滝の入口から１００ｍほど先、左側にも車１台分ほどの狭い駐車スペースがある。別名「暁嵐《ぎょうらん》の滝」とも呼ばれる。登山道の３合目、５合目にも滝があるが、看板には１合目の滝がスケール、美しさとも一番と記されていた。

所在地●竹田市神原（登山口に駐車場有）
問合先●竹田市商工観光課　☎0974－63－4807

観音滝《かんのんだき》

落差10m

東九州自動車道佐伯ＩＣより県道２１９号線経由、国道10号線を野津市《のついち》方向へ約20km走ると左側に野津ダムの看板がある。左折して橋を渡り、林道を１kmほど走ると、ダムと観音滝を指した看板がある。滝方向に狭い道を抜けると、砂利道と左折する舗装道路に分かれるが、砂利道方向へ３００ｍほど直進すると作業小屋に到着。邪魔にならないところに駐車して、二手に分かれた林道を看板に従い左側へ数分登ると滝が見える。

所在地●臼杵市野津町
[駐車スペース有]
問合先●臼杵市役所野津庁舎
☎0974－32－2220

右ページ：さほど水量は多くなく，岩盤をゆったりと流れている
上：よく見ると中央に滝案内の暗い看板がある。ここを左側へ数分登っていく
下：小橋から見ると３段に落ちている様子が見られる

轟の滝《とどろきのたき》

落差50m

前ページの観音滝から国道10号線を佐伯市街方向へ戻り、県道35号線に入って西へ向かう。約12㎞先の井ノ上バス停を右折し、５００ｍ先を左折、１００ｍ先の突き当たりで駐車する。急な登り坂を徒歩10分、周辺に落石が散乱し、やや不安になるところが目前に落差50ｍの滝を見上げた瞬間、言いようのない感動に思わず声が出た。桃源郷に出合った思いがして、心から来てよかったと思った滝だった。

右ページ：恐竜の皮膚のような細かく刻まれた岩肌を，細い１本の白龍がうねるように這うようにゆっくりと下りてくる。50ｍの落差を14㎜の超広角レンズで何とか収めることができた
左上：最上部の落ち口。どこを撮っても絵になる。水量がとても少ない状態でこれほど感動した滝は初めてだ
左下：滝へあと一歩。最後は鎖をつかんでどっこいしょ！　見た目とは裏腹に意外と簡単。左側には下流の滝も見えている

所在地●佐伯市本匠［駐車スペース有］
問合先●佐伯市本匠振興局　☎0972－56－5111
＊地図は65ページ

暁嵐の滝《ぎょうらんのたき》

落差14m

滝壺は湖のようにとても広い

所在地●佐伯市上浦大字浅海井浦・暁嵐公園
［駐車場有］
問合先●佐伯市上浦振興局　☎0972－32－3111

前ページの轟の滝から佐伯ＩＣ方向へ戻り、国道２１７号線を海沿いに北上する。ＪＲ浅海井駅付近で暁嵐公園の標識に向かって進む。駐車場より徒歩２分。海の近くにあり、「マップル」などの道路地図には必ず出ている有名な滝で、「暁嵐公園」と記されているものが多い。一帯は古くから多くの文人に愛された公園で、歴史深い瀧三柱神社や、アコウなどの県指定天然記念物の巨樹が歴史を物語る。

下左：一帯は数百年もタイムスリップしたかのような錯覚を覚える佇まいである
下右：樹齢は何年くらいだろうか

銚子の滝《ちょうしのたき》

落差15m

上：滝自体は単調な直瀑だが，広く澄み切ったエメラルドグリーンの滝壺をもつ開放感ある渓谷だ
下左：駐車スペースから道を挟んで滝への歩道がある
下右：清流・番匠川付近には元日本一を誇った大水車や鍾乳洞があり，一帯は耶馬渓のように切り立った巨岩や奇岩がある秘境である

佐伯市中心部より国道10号線から県道35号線に入り、約8㎞先を左折、銚子渓谷の看板に従い約5㎞。入口の看板によると、文豪・国木田独歩が2度も訪れた景勝地で、銚子の滝の上流には4つの淵や大小10個の甌穴《おうけつ》群があるという。

所在地● 佐伯市本匠・銚子渓谷
［駐車場有］
問合先● 佐伯市本匠振興局
☎0972－56－5111

＊地図は65ページ

熊本県

鐘ケ滝（78ページ）

白糸の滝《しらいとのたき》

落差20ｍ

大分自動車道日田ＩＣより国道２１２号線を小国町方面へ走り、杖立《つえたて》温泉から旧道温泉街へ。案内板横の階段から斜面を約10分登る。市販の地図に滝マークがあり、以前から気になっていたが、温泉旅館のホームページでその名を知り早速出掛けた。１度目は全く水がなく岩壁のみで滝とわからず通り過ぎ、降雨後の２度目も水量に乏しく断念。そしてたっぷり雨が降った梅雨終盤、３度目のチャレンジで感動の出合いとなった。緑川水系木山川の支流・滝川にかかる滝で、別名「寄姫《よりひめ》の滝」と紹介されている。

所在地● 阿蘇郡小国町杖立
・杖立温泉
［駐車スペース有］
問合先● 杖立温泉観光協会
☎0967－48－0206

上左：少々の雨では渇水状態で，滝と判断しにくい（2度目のチャレンジ時）
上右：黒く巨大な岩盤に美しい白糸を垂らしていた
下左：温泉街道路沿いの小さくて汚れた看板。ここから坂道を10分ほど登っていく
下右：帰りの坂道は滑りやすいので注意

目の前まで近づき，超広角レンズで見上げて撮影した。全身びしょ濡れ，レンズを拭きながらの撮影。こんなに美しい滝は，めったに会えるものではない

鍋釜滝《なべかまだき》

落差4m

前ページの杖立温泉から国道212号線を小国町へ6kmほど南下し、左側に「下城の滝駐車場」が見えたら駐車。遊歩道を右へ歩いて終点まで行くと見える。「下城の滝」上流のおまけ的存在だが、滝だけをフレーミングして撮影すると、なかなかの名瀑であることがわかる。

上：遊歩道から下を覗き込むと，甌穴がいたるところに見える
右：川が数m落ち込んだような滝で，この流れが大きな下城の滝へと続く

所在地● 阿蘇郡小国町下城
［駐車場有］
問合先● 小国町役場
☎0967－46－2111

＊地図は72ページ

城村の無名滝《じょうむらのむめいだき》（仮称）

落差25m（推定）

下城の滝駐車場から国道２１２号線を南下し、小国町交差点を国道３８７号線へ右折して１・５㎞、道沿いに「城村滝」と書かれた木製の看板が立っている。細い道を下って小さな橋を渡り、左へ進んで農家の田んぼの畦道の先から川を覗くと、写真の無名滝は見えるが、その左横にある城村滝は音はすれど姿が見えない。役場の方に伺うと、観光地ではなく滝を見る場所も降りる道もないとのこと。看板があるのに本命が見えず心残りだが、正面に見える無名滝は風情ある良い滝だった。畦道に入るときは農家の方への挨拶を忘れずに、マナーを守りましょう。

所在地● 阿蘇郡小国町城村
［駐車スペース有］
問合先● 小国町役場
☎0967－46－2111
＊地図は72ページ

左：滝と紅葉のコンビネーションは静かで絵画的
下：今ではすっかり有名になった鍋ケ滝も近くにある。晩秋の季節，滝裏から観光客を避けながらの撮影

鐘ケ滝《かねがたき》

落差10m

上：岩盤が細かい段瀑なので実落差よりも大きく見える。名の由来は釣鐘に似ているからだろうか
右：道路沿いに十字架のような看板があった。「筑後川上流最南端の滝」と書かれているのが何とか読み取れた

小国町交差点から国道212号線を南小国町へ南下する。馬場川沿いの旧道に入りさらに走ると視界が広がる一帯に出て、道路右下の川沿いに遠望できる。

所在地●阿蘇郡南小国町赤馬場
［駐車スペース有］
問合先●南小国町役場
☎0967－42－1111

小園《こそののたき》の滝

落差5・8m

県道１３１号線の産山《うぶやま》村役場より約１・５km先を左折、産山川を左側に見ながら５００m先、川沿いの細い階段を下りてすぐ。１９２２（大正11）年に造られたという小園橋の下に落ちる小さな滝。

上：右上にかかる小園橋と滝は当時のままの風景だという
左上：滝への階段は段差が高い。手すりをつかんで慎重に
左下：少し下流にも滝があった

所在地● 阿蘇郡産山村小園
［駐車スペース有］
問合先● 産山村役場
☎0967－25－2211

金原の滝《かなはるのたき》

落差8m

九州自動車道八女ＩＣから国道４４２号線を東へ進み、納楚《のうそ》交差点から国道3号線を南下して鹿北町へ向かう。県道18号線に入り、ＪＡ鹿本《かもと》岳間《たけま》支所を右に見ながら岳間渓谷方向へ左折、約４kmで岳間渓谷キャンプ場に着く。徒歩で数分下り、吊り橋を渡って滝近くまで下りていけるが、階段はない。滝は吊り橋からも見える。

上：雨上がりの霧にかすむ金原の滝と渓谷。深くえぐれた落ち口が印象的
左：吊り橋からも滝は見え，橋の下には大きな甌穴がある美しい渓谷を一望できる

所在地●山鹿市鹿北町多久
［駐車場有］
問合先●山鹿市観光課
☎0968－43－1579

掛幕の滝《かけまくのたき》

落差20ｍ

九州自動車道植木ＩＣから国道３号線、県道53号線、国道３８７号線、県道45号線を通って菊池渓谷へ向かう。この滝は菊池渓谷正門横の橋の下に落ちていて意外に見落とす場合が多いが、菊池渓谷にあるどの滝よりも落差がある。近年、水力発電に水が回され水量が低下したらしいが、雨が多い時期に見下ろすとなかなかの名瀑である。

上：真上から陽が射し，水が白く飛んだ部分が樹木で隠れるように撮影した
右：右サイドから撮影した絶壁の滝

所在地● 菊池市原［駐車場有］
問合先● 菊池市商工観光課
☎0968－25－7223

七滝《ななたき》

落差60m

九州自動車道御船ＩＣから国道４４５号線を東へ12㎞ほどで左側に七滝郵便局、その横に滝の看板がある。看板から右折して１・４㎞先の広い駐車場に駐車。時の藩主・細川綱利《つなとし》公が再建したという七滝神社横の階段を10分ほど下りていくと、巨大な池のような滝壺が現れる。７段に落ちる姿からその名がつけられたらしい。水力発電に取水され渇水時期もあるが、雨が続く水量豊富な時期は轟音を轟かせ、太古のままの柱状節理《ちゅうじょうせつり》の大岩盤が滝を取り囲む。

上：ここから10分ほどゆっくり下りていく
下：落差60ｍの滝壺へ下りる階段はそれなりの距離がある。ジグザグの階段を，杖を使ってゆっくり行こう

上：御船，高千穂の両方向からもわかりやすく看板が設置されていた
右ページ：広い空間に轟く瀑音。高速1600分の１秒で滝飛沫の一滴一滴を写し止めた

所在地●上益城郡御船町七滝［駐車場有］
問合先●御船町役場　☎096－282－1111

正面から見た威風堂々の七滝。恐竜が闊歩していた白亜紀そのままの佇まいだ

上司尾の滝《じょうじおのたき》

落差6ｍ

九州自動車道御船ＩＣから国道４４５号線を１時間ほど走り山都町に入ると、国道２１８号線に合流する手前に矢部町上寺《じょうでら》交差点が見える。そこを右折してすぐ、上司尾バス停横のふれあい橋下にある小滝である。階段を簡単に下りていける。落ち口が様々な方向に向いていて、小ぶりなのになかなかの名瀑だ。

階段もあるので難なく下りていける

上：落差は低いが幅10mはあるだろうか。アーチ型の橋と一体になった景観がとても美しく，鴨が気持ち良さそうに泳いでいた
右ページ下：目印の上司尾バス停とふれあい橋

所在地●上益城郡山都町上寺
［駐車スペース有］
問合先●山都町商工観光課
☎0967－72－1158

梅の木轟の滝《うめのきとどろのたき》

落差38m

せんだん轟の滝は男性的な直瀑だが，この滝は静かに流れる女性的な段瀑である

九州自動車道松橋ＩＣから国道２１８号線を20㎞ほど山都町方向へ走り、美里町の三和の信号から国道４４５号線五木村方向へ20㎞ほどひたすら南下する。ヘアピンカーブが続く山道を抜けると、道路沿いに滝へ渡る「梅の木轟公園吊橋」が見えてくる。紅葉の時期は駐車場がすぐ満車になるので早い時間帯に出かけた方が無難。吊橋がかかるまでは秘境の滝として見ることができなかったが、今では同じ五家荘《ごかのしょう》の「せんだん轟の滝」とともに町の名所となっている。

上：梅の木轟の滝の下流に流れる「昇龍の滝」。階段を上りながら見ることができる
右：一番下の小さな「梅が枝の滝」。滝それぞれに名前が付けられていて，繊細な日本人の心が伝わってくる

所在地●八代市泉町［駐車場有］
問合先●八代市役所泉支所　☎0965－67－2111

1998年完成の梅の木轟公園吊橋。全長116m，高さ55mで支柱や補助ロープを使わない工法でかけられた。橋の中央付近で下界を見ると足がすくむ。四季折々の渓谷を見渡せる

上：駐車場から錦秋の渓谷を一望
中・下：吊橋眼下に秋のグラデーションを楽しむ

大滝《おおたき》

落差35ｍ

秋の大滝。35mの直瀑なので夏の豊水期は水量が増え，かなり迫力が増すのだろう

前ページの梅の木轟公園から国道４４５号線を五木村へ南下し、道の駅付近から県道25号線へ入って10㎞北上、小鶴トンネルを抜けると白滝公園に出る。少し先を右折し、６㎞ほどで大滝公園に着く。直接この滝に向かう場合は、松橋ＩＣから国道３号線を下り、宮原交差点から国道４４３号線、県道25号線へ下る。駐車して渓谷沿いの歩道を20分ほど歩いていくと終点に落ちている。滝の上部近くにも駐車場があり、滝の横の急階段を降りていく近道もある。

所在地● 球磨郡五木村上小鶴
［駐車場有］
問合先● 五木村役場
☎0966－37－2211

＊地図は94ページ

下左：大滝渓谷遊歩道沿いの紅葉と山茶花。すれ違う人たちの「こんにちは！」が清々しい
下右：駐車場付近の紅葉。五木村は秋がおすすめ

瀬目の滝《せめのたき》

落差15m

上：滝への階段は崖崩れでほとんど用を足していない。転ばないよう要注意
左：シャワーのようなほどよい水量に癒される静かな空間
下：浅い滝つぼに細かな流れを注いでいた

所在地● 球磨郡五木村瀬目
（公園駐車場有）
問合先● 五木村役場
☎0966－37－2211

＊地図は94ページ

五木村道の駅より国道４４５線を相良《さがら》村方向へ南下し、瀬目橋を渡ってすぐ右に瀬目公園。公園の向かいに滝への遊歩道の看板があり、そこから15分ほど登る。滝が近づくにつれ道が荒れているので、足元にはくれぐれも用心してほしい。

ゆり滝

落差10ｍ

国道４４５号線から県道１６１号線を下梶原渓谷沿いにしばらく走ると、左手の山側にある。少し窪んでいるところに停車したとき、奥に隠れるように落ちている姿を偶然見つけた。看板も案内板もないので役場に問い合せて確認した。

上：周りに落葉樹などはなく一見地味だが，２段瀑で流身がとても美しい

下：渓谷側ばかりに気をとられ，あやうく見落とすところだった

所在地● 球磨郡五木村下梶原
［駐車スペース有］
問合先● 五木村役場
☎0966－37－2211

布ケ滝《ぬのがたき》

落差30ｍ

九州自動車道八代ＩＣより国道３号線を経由して国道２１９号を南下する。球磨《くま》村楮木《かじき》地区に川島への標識があり、左折して林道を５㎞ほど遡る。集落に入りさらに上って林道滝平線へ鋭角に右折し、数百ｍで到着。10台以上駐車可能なスペースがあり、滝は道路沿いから見える。球磨郡で一番落差がある滝。

所在地●球磨郡球磨村川島
［駐車場有］
問合先●球磨村役場
☎0966－32－1111
＊地図は97ページ

左：雨が降り水量も程よく，存在感がある大滝だった
下左：鋭角に上る林道。「滝平線」という名が期待を抱かせる
下右：デザイナーはだれ？ 面白い看板で遊び心満点！

走水滝《はしりみずたき》

落差100m以上

九州自動車道八代ＩＣより国道３号線を経由して国道２１９号を南下する。坂本町の赤い深水《ふかみ》橋を渡り、県道２５９号線を約10㎞遡る。案内板がいたるところにあり、わかりやすい。対岸に巨大な滝が視界に入ると、あと数百ｍで展望台に着く。滝の向かい側の集落から見ると白く見えることから「白滝」とも呼ばれた。太古の昔から存在した滝で、山の崩落前はさらに大きな滝だったという。

望遠で捉えると崩落跡がよくわかる。流れの最下部まで100ｍを超えているのは間違いないだろう

展望台から対岸に見える。雨が降り続けた後，霧の中から幻想的に現れた

(右ページ)
左：展望台は広く，天気の良い日はここで絶景を眺めながらランチが楽しめそう
右：道路脇に展望台への看板があり，ここに車１台程度は駐車可能

所在地● 八代市坂本町深水［駐車スペース有］
問合先● 八代市役所坂本支所　☎0965－45－2211

天草の滝めぐり

全国各地で最高気温の記録を更新した猛暑の２０１０年夏、天草へ旅をした。

天草といえば、迫害や酷使に耐えかねたキリシタン、農民による一揆「島原の乱」の若き指導者・天草四郎の里である。悲劇の島で知られ、現在３カ所に歴史あるカトリック教会がある。

もちろん豊かな自然も残っており、長崎県の島原半島とともに「雲仙天草国立公園」に指定されている。「天草パールライン」と呼ばれる天草五橋を走りながら八代海（不知火《しらぬい》海）や遠く島原湾を眺める絶景ドライブコースは、九州だけでなく全国的にも有名だ。

実は、海のイメージが強いこの島に、滝が存在することはあまり知られていない。海が視界から消え、山間部を走ると、岩がむき出しになった山が随所に見られ、地質的に岩山が多い地形であることがうかがえる。梅雨明け後の少雨続きで水量に乏しく、撮影条件としてはベストではなかったが、個性的で驚きの滝に出合えた旅だった。

苓北町役場
志岐
ダム
天草灘
不動の滝
天草空港
行者の滝
百貫の滝
天草市役所
妙見の滝
天竺
轟の滝
行人岳
角山
轟橋と
小滝群
島原湾
松島
有料道路
御手水の滝
老嶽
動鳴山
教良木ダム
小ケ倉観音の滝
祝口観音滝
倉岳
念珠岳
矢筈嶽
八代海
0
5km
324
47
44
24
24
389
35
266
26
266
324
59
290
266
34
266

祝口観音滝《いわいぐちかんのんだき》

落差280m

駐車場から対岸の山肌を滑るように流れ落ちる様子を望遠レンズで捉える。シャーッ！という音が山を隔てて聞こえてくる様は圧巻である

上：滝見台まで登り，斜めのアングルから見ると渓流瀑であることがよくわかる。大きな甌穴があるが，直径はどれほどあるのだろうか
左上：駐車場から向かいの山肌に滝発見。思わず「あれだ！」と叫んでしまった
左中：滝見台から見える教良木ダム。滝から流れる水はダムに流れ込んでいる
左下：「観音の水」と呼ばれる湧水。ポリタンク持参で水汲みに励む人たちがいた

九州自動車道松橋ＩＣから天草へ。国道266号線より県道290号線に入って教良木《きょうらぎ》ダム方面へ向かう。ダム上流まで上ると看板がある。駐車場からも見えるが、さらに200ｍ進むと滝への遊歩道がある。一般に日本一落差のある滝は富山県の「称名《しょうみょう》滝」で落差350ｍ、2位が北海道の「羽衣《はごろも》の滝」で落差270ｍとされているが、実はこの滝こそ日本第2位ではなかろうか。山のほぼてっぺんから流れ落ちてくる壮大さは「神様の滑り台」と表現したくなる。初めて出くわした個性的な姿に暑さを忘れた感動の瞬間だった。

所在地●上天草市松島町教良木
［駐車場有］
問合先●上天草市役所
☎0964－56－1111
＊地図は99ページ

御手水の滝《おちょうずのたき》

落差100m以上

上：濡れている部分に立ち入ると危険！　滑り台のように落下してしまうかも
右：用水路の脇に標識がある
下：畑の向こうの山肌に見えている

松島町合津《あいつ》港より国道324号線を5㎞で「知十《ちじゅう》」というバス停に着く。南側の集落へ細い道を抜けると滝が見える。その辺りに車を停めて徒歩5分。前ページの祝口観音滝とその形状がよく似ていた。

所在地●上天草市松島町知十
［駐車スペース有］
問合先●上天草市役所
☎0964－56－1111
＊地図は99ページ

不動の滝《ふどうのたき》

落差15ｍ

上：天草の滝の中では最も水量が少なかったが，この断層には圧倒された
下左：滝へ向かう立派な階段
下右：荒れた竹林の間を登っていくと黒い岩盤が見えてくる

本渡中心街より国道３２４号線を２km北上し、県道44号線に入る。６kmほど西へ走ると産交バス「下平床《しもひらとこ》」というバス停が右手に見え、その先10ｍのブロックに滝と書かれた目印がある。そこから民家の間の道を通り抜け、案内に従って階段を上り徒歩３分。

所在地●天草市本町平床［駐車スペース有］
問合先●天草市役所☎0969－23－1111
＊地図は99ページ

小ケ倉観音の滝《こかぐらかんのんのたき》

落差7m

県道34号線を教良木ダムから10kmほど西へ走り、小ケ倉観音の標識が見えたら左側に4kmほど上っていくと山道沿いに駐車場がある。小ケ倉観音への坂道を登ってすぐ右側。観光地ではなく、ひっそりと佇む滝。

滝の横にパイプから水が落ちている。修行のためだろうか

所在地● 天草市栖本町［駐車場有］
問合先● 天草市役所☎0969－23－1111
＊地図は99ページ

百貫の滝《ひゃっかんのたき》

落差5m

前ページの不動の滝より県道44号線を苓北《れいほく》町方向へさらに2km進む。ヘアピンカーブ付近に百貫様の標識があり、500m直進。次の標識で左折、300m先に説明板がある。駐車場横の橋を渡り徒歩数分。平床川の源流に当たるそうで、奥に行くと杉木立の中に百貫石と呼ばれる巨大岩があり、その上に春日大明神が祀られている。

壱の滝，弐の滝，参の滝と続くらしいが，道は荒れていて，入口の壱の滝だけを撮影して退散した

所在地● 天草市本町平床［駐車スペース有］
問合先● 天草市役所☎0969－23－1111　＊地図は99ページ

行者の滝《ぎょうじゃのたき》

落差7ｍ

上：３段に大きく分かれた地層に落ちる滝
下：滝へ下りる階段

前ページの県道44号線の百貫様の標識から苓北町へ向かうと、志岐ダム近くの道路沿い左手に小さな公園がある。「中尾地区水質浄化モデル林整備事業」と書かれた看板に滝案内があり、下流30ｍほど先の階段を下ってすぐ。滝の下流には遊歩道も整備されており、５月末から６月にかけてホタルが乱舞するそうだ。

所在地●天草郡苓北町志岐中尾［駐車スペース有］
問合先●苓北町商工観光課　☎0969－35－1111
＊地図は99ページ

妙見の滝《みょうけんのたき》

落差10ｍ

県道44号線から国道３８９号線に出て、海沿いのサンセットラインを８㎞ほど南下する。国道沿いの小さな妙見社の裏にあり、夕日を眺める絶景ポイントと町のホームページに紹介されている。

所在地● 天草郡苓北町都呂々
［駐車スペース有］
問合先● 苓北町商工観光課
☎0969－35－1111
＊地図は99ページ

右：本書収録の滝の中で最も海に近い滝
下左：滝から振り返れば，鳥居越しに天草灘を一望できる
下右：観光ルートである国道沿いにあるため，駐停車時は行き交う車に要注意

轟の滝《とどろきのたき》

落差10m

上：滝の上に大きな吊り橋がかかっている。豪雨時にはごつごつした岩の隙間から大量の滝が落ちる
下：釣りにテントに水遊び，夏休み３点セットで楽しむ家族連れ

妙見の滝から国道３８９号線をさらに５㎞ほど南下し、下田温泉地区から県道24号線へ左折、２㎞ほど走ると右側に轟の滝公園の大きな駐車場がある。「いやしの杜　とどろき万太郎村」としてバンガロー、食事処、キャンプ場、温泉を完備した広い自然公園となっている。滝は駐車場から吊り橋を渡り徒歩数分。

所在地●天草市天草町下田［駐車場有］
問合先●天草市役所　☎0969－23－1111
＊地図は99ページ

轟橋と小滝群《とどろきばしとこたきぐん》（仮称）

落差３ｍ

国道３８９号線より県道35号線へ北上。轟神社という小さな社がある公園内で、天草市指定文化財「轟橋」の下に落ちる小滝。特に案内表示板があるわけではないのでわかりづらい。轟橋は１９１４（大正３）年に建造された長さ12・５ｍのアーチ式石橋。１９６８（昭和43）年の工事で橋の上がコンクリートで固められたため、川に下りなければ石橋の原型を見ることができない。しかし、今田川と一体となった景観は天草でも屈指の美しさといわれている。

上：見事な石橋の周りに岩清水のように小滝が流れ落ちている。石橋ファンにとっても一見の価値がある
下：轟橋下の川で水遊びを楽しむ家族連れ。ここから見上げると，石橋の上に被さったコンクリートの橋が確認できる

所在地●天草市河浦町今田［駐車スペース有］
問合先●天草市役所　☎0969－23－1111
＊地図は99ページ

宮崎県

篠原夫婦滝（122ページ）

白滝《しらたき》

落差10m

九州自動車道松橋ＩＣから延岡方面へ国道２１８号を走り、日之影町で旧道に下りて県道6号線を渓谷沿いに約15㎞ほど北上する。飯干バス停近くに停車し坂道を下り、吊り橋を渡って右へ約１５０ｍほど歩くと民宿「白滝温泉」の看板がある。個人の敷地内の奥にあるので、勝手に入らず声をかけること。

＊撮影の翌年、民宿「白滝温泉」のオーナーさんより営業終了とのお知らせを受けました。28年間、本当にお疲れ様でした。なお、目印の看板は今はないかもしれません。

右ページ：白い手拭いを垂らしたような滝
上左：渓谷沿いの細い道を走る。日之影川の美しさに見とれて，何度も停車してしまった
上右：白滝温泉前で記念撮影。後ろに滝が見える
下左：宿の庭から遠くに滝が見えた。次ページの名女石滝の遙か上流という。全落差は一体何ｍ？
下右：この看板からすぐ

所在地●西臼杵郡日之影町見立［駐車スペース有］
問合先●日之影町地域振興課
☎0982－87－3910

名女石滝《なめしだき》

落差不明

なだらかな一枚岩の岩盤を滑るように流れる滝

前ページの白滝温泉へ向かう吊り橋を渡る途中、渓谷の下流に見える。

上：吊り橋から見える名女石滝
中：吊り橋を降りて滝を見ながら一休み
下：見立渓谷には奇岩や巨岩がごろごろしている

下２枚：あまりに美しすぎる見立渓谷。半日を撮影で過ごしたが，誰一人来なかった。絶景二人占め！

所在地●西臼杵郡日之影町見立［駐車スペース有］
問合先●日之影町地域振興課　☎0982－87－3910
＊地図は111ページ

川に落ちるため滝壺がない。大分県の由布川峡谷の滝に
似て，岩肌に曲線を描いて流れる姿が神秘的だった

赤い無名滝《あかいむめいだき》（仮称）

落差10m

上：西向きの滝で夕方の撮影という最悪の条件。滝の流れに太陽が反射するが，逆に赤い岩が輝きとても美しい

下左：白い髪を垂らした赤鬼にも見え迫力満点
下右：とにかく赤い，どこまでも赤い……

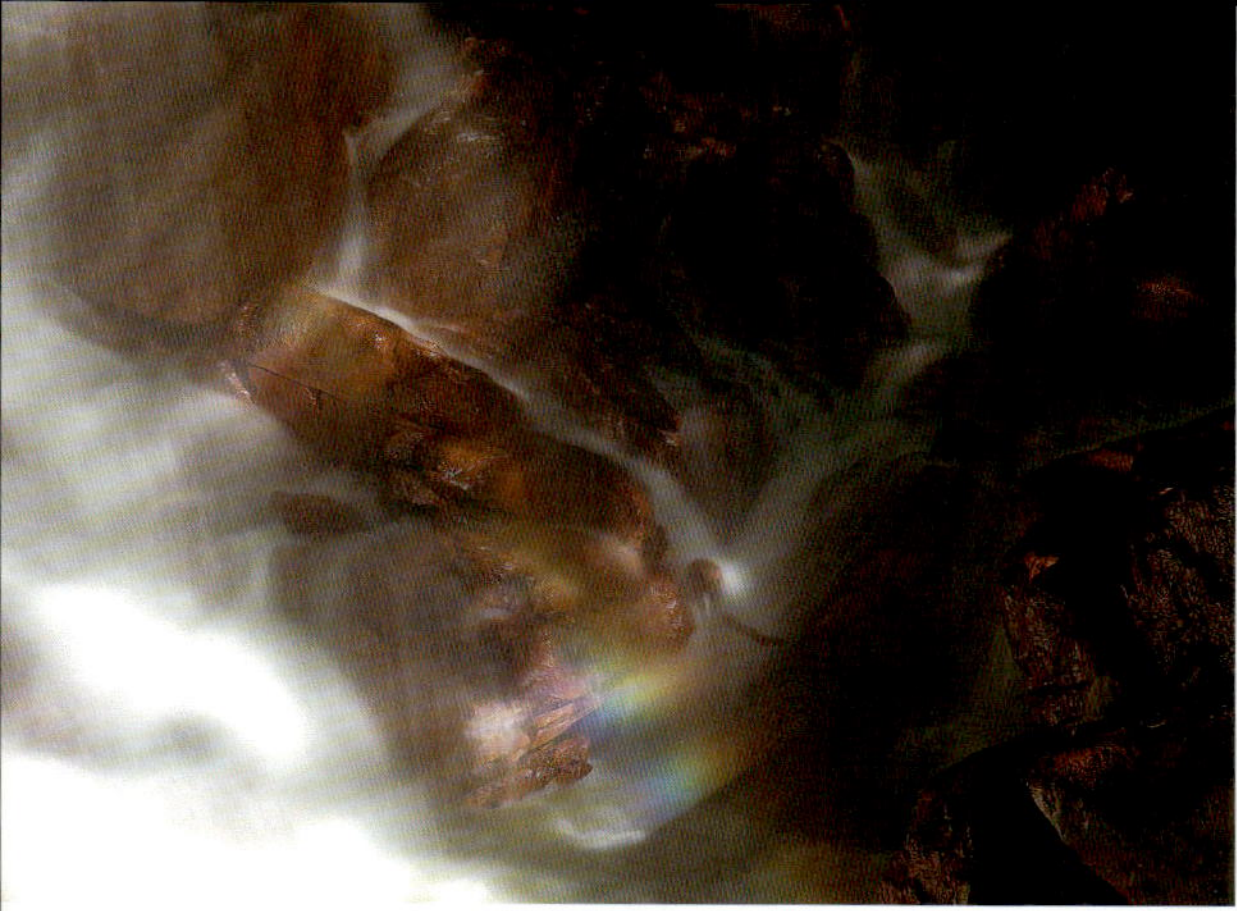

白滝温泉からさらに見立渓谷を車で10分ほど上流へ走る。ラサ工業前の英国館入口バス停横の橋を渡ってすぐ。以前、テレビで川へ落ちる部分が紹介されたことがあり気になって訪れたが、その上流にこんな滝があるとは驚きだった。

上：撮影しにくい条件だが，虹は期待通りに出た
下：ここまで来ると大分県との県境に近い。奥にはキャンプ場もあるようだ

左：渓谷沿いの川側にも山側にもたくさんの滝が現れる。この滝にも名はなく，遙か山頂から落ちていた

所在地● 西臼杵郡日之影町見立
［駐車スペース有］
問合先● 日之影町地域振興課
☎0982－87－3910
＊地図は111ページ

森谷観音滝《もりやかんのんだき》

落差23m

延岡市から国道10号線を北上する。橋岸地区の薩摩ラーメン店横に滝の看板が見えたら林道へ左折、２km先の到着地点にも看板がある。一帯はシイやカシ類などの自然林が多く、県の自然環境保全地域に指定されている。滝近くには森谷観音堂があり、地域の人たちが集う場であるらしい。犬の散歩やウォーキングを楽しむ人たちに出会った。

自然林が取り囲み，滝全体を見る場所は限られる

左上：駐車して滝へ下りる歩道と看板

左下：階段を下りて滝に近づくと，岩や自然林で覆われ見えない

所在地● 延岡市北川町森谷
［駐車スペース有］

問合先● 延岡市役所
北川町総合支所
地域振興課
☎0982－46－5010

不動滝《ふどうたき》

落差12m

延岡市から国道10号線を南下して都農《つの》町へ。都農ワイナリー入口の不動公園から上り坂を走り、左側に小さな瀧神社が見えたら左折。長い階段の横に車で行ける道があり、神社まで走り抜ける。滝はその奥に静かに落ちている。

上：豊水期でも水が滴り落ちるような滝で，岩盤はびっしりと苔に覆われている
右上：ここが上り坂から左折するポイント
右下：神社の屋根越しに滝が見えていた

所在地●児湯郡都農町川北［駐車場有］
問合先●都農町産業振興課　☎0983－25－5721

産巣日滝《むすびのたき》

落差20m

滝に近づき斜めから撮影。中段から岩盤を滑るように落ちる姿が独特でとても美しい

国道10号線とほぼ平行して走る尾鈴サンロード（日向灘沿岸北部広域農道）上に、石並川を渡る田の原大橋がある。その南詰め西側に「とどろ滝」と書かれた手書きの看板があり、ここから階段を下っていく。道路を挟んで向かいに車1台分の駐車スペースがある。手作りのブロックの階段は生い茂る木々に覆われていてわかりづらい。杖で草木をかき分けながら下りていき、数分で到着した。

上：木漏れ日が射し，キラキラと宝石のように輝く
下左：ガードレール脇にある手書きの看板。橋の対岸にある売店の方に教えてもらってようやく見つけた
下右：滝の前に立つ「産巣日滝」の石碑

所在地● 日向市東郷町
［駐車スペース有］

篠原夫婦滝《しのはらみょうとだき》

落差30ｍ

都農町から国道10号線を南下、三日月原交差点から県道40号線へ右折してさらに南下する。フードショップ（店名モンキーズ）の横を斜めに右折し約2㎞先、東九州自動車道高架下をくぐって進むと広い専用駐車場がある。駐車場はよく整備され、滝への遊歩道も完璧。町に近い滝だが、大きくて個性的で期待以上だった。

上：巨大な岩盤に２条の異なる滝が流れ，下流の渓谷へと続く。向かって左，曲線を描きながら優美に流れる滝が女滝だろうか
右：長く続く遊歩道。よく整備されている

所在地● 児湯郡川南町
［駐車場有］
問合先● 川南町役場
☎0983－27－8002

六野不動滝《むつのふどうたき》

落差10m

国富町六日町から西都市に通じる県道24号線の六野地区に滝の看板がある。案内に従って小道を抜け、民家の間を通り抜けると滝の入口に到着。入口にはお清めの塩が置かれていた。滝への歩道は整備が行き届き、間隔を置いて小さな石仏が並んでいる。修験場であることがうかがえる神々しい滝だった。

上：民家の奥にあり，静かでひっそりとした自然空間
右上：歩道入口に置かれたお清めの塩
右下：左からもう一筋の滝が落ちていた。2つの川がこの地点で合流しているらしい

所在地 ● 東諸県郡国富町六野
［駐車スペース有］
問合先 ● 国富町役場
☎0985－75－3111

くわんす滝

落差15ｍ

九州自動車道御船ＩＣから国道４４５号線、国道２１８号線を通って高千穂方面へ向かい、馬見原の信号を右折して国道２６５号線を南下する。国見トンネルを抜けてしばらく走ると、左側に開けた駐車スペースがあり、看板も立っている。滝は右側の十根川に落ちている。

上：滝の前に幾筋もの送電線が走り景観を損ねるため，秋の山間とともに広く撮影した
左：伝説を記した看板の前には充分な広さの駐車スペース
下：雨上がりで一帯には霧や雲が立ち込めていた

所在地● 東臼杵郡椎葉村掟場
［駐車スペース有］
問合先● 椎葉村役場
☎0982－67－3111
＊地図は左ページ

落ち水の滝《おちみずのたき》

落差70m

左：滝の落ち口は遙か頭上で，全景を入れるとパノラマ写真になってしまった
上：中椎葉トンネル出入口の真横にあるとは知らずに，最初は通り過ぎてしまった。逆方向から来れば，こんなにわかりやすい滝はない
右：人の横顔のような岩に滝が落ちていた

国道265号線を上椎葉《かみしいば》へ向かい、「中椎葉トンネル」を出てすぐ右側にある。駐車スペースも充分な広さだが、トンネルを出てすぐのカーブ付近であるため、車の往来には注意が必要だ。

所在地● 東臼杵郡椎葉村
下福良中椎葉
［駐車スペース有］
問合先● 椎葉村役場
☎0982－67－3111

六弥太瀑布《ろくやたばくふ》

落差36ｍ

前ページの落ち水の滝からさらに上椎葉方面へ。国道２６５号線の椎葉大橋から見える。橋を渡る前に駐停車する場所を決めよう。滝の上部は人工滝や道路が丸見えで、当時の姿が偲ばれる。

所在地● 東臼杵郡椎葉村下福良上椎葉［駐車スペース有］
問合先● 椎葉村役場
☎0982－67－3111
＊地図は125ページ

右：次々にトンネルをくぐり抜け，急に視界が広がると橋の右側に現れる
下左：滝の左上には民宿「ひえつき荘」。滝を見下ろしながらの宿泊は格別だろう
下右：六弥太谷川と書かれた椎葉大橋の広い歩道。この反対側に滝は見える

猪追川の滝《ししおいがわのたき》

全落差12m（2段）

椎葉村中心街より上椎葉ダムへ向かって県道142号線を走ると、道路沿いに見えてくる。実は次ページの白水の滝へ向かう途中、偶然に出合った滝である。秘境・椎葉村の滝は道路沿いで出合うことが多く、得した気分になる。役場で伺うと、看板は地元の方が作ったもので、振り仮名は地元の方言なのだろう。

左上：２段落ちで十数メートルはあると目測した
左下：流れる水は日向椎葉湖ともいわれる上椎葉ダムに注がれている
右上：とてもこうは読めません

所在地●東臼杵郡下福良上椎葉［駐車スペース有］
問合先●椎葉村役場　☎0982－67－3111
＊地図は125ページ

白水の滝《しらみずのたき》

落差45ｍ

前ページの猪追川の滝からさらにダム沿いに北上、不土野《ふどの》橋を越えて右折し、耳川沿いに北上する。郵便局から左折して約2㎞弱遡ると右手に看板があり、対岸の山沿いに見える。地元の方の話では、樹木が生い茂り、滝の音はすれど姿が見えない状況であったため周りの木々を伐採したという。看板によると、壇ノ浦の戦いに敗れた平家の残党が多く移り住み、この滝の上から米のとぎ汁を流したため滝が真っ白になったのが名の由来だという。いったいどれだけの米をといだのだろうか。

上２枚：滝の流れる音が対岸にこだまして心地よい。100ｍほど行き来して様々な角度から撮影してみた
下：展望する看板付近での駐車は難しい。狭い山道なので安全な場所に停車しよう

所在地● 東臼杵郡椎葉村不土野
［駐車スペース有］
問合先● 椎葉村役場　☎0982－67－3111
＊地図は125ページ

滝の上部左側にモミジが並ぶように植えられていた。紅葉のピークではなく残念だが，こんな配慮はとてもうれしい

荒河内滝《あらこうちだき》

落差30m（段瀑）

椎葉村中心街から国道265号線を南下する。大河内桑《おおかわちくわ》木原《のきばる》村道を通って国道388号線に入り右折、2kmほどで滝の看板が左側にある。梅雨の水量豊富な時期は、ごつごつした岩の間を流れる、迫力ある光景が見られそうだ。

大岩が折り重なるように連なる荒々しい段瀑

左上：最上部の滝を見たくて橋から下りてみたが，大岩と樹木に覆われてよく見えない
左下：滝の看板と駐車スペース。看板は道の両側から見える

所在地●東臼杵郡椎葉村大河内［駐車スペース有］
問合先●椎葉村役場　☎0982−67−3111

一ツ瀬川の無名滝群《ひとつせがわのむめいたきぐん》

前ページの荒河内滝から１００ｍほど道路を上ったところから、反対側の一ツ瀬川に見事な滝を発見した。大きな楓の下に落ちる姿はなかなかのもので、滝壺もエメラルド色で神秘的。名前を付けてこの場所を展望台にしたらいいのにと思ったほど。一ツ瀬川沿いは滝の連続で、隠れ滝がまだ潜んでいるかもしれない。

上：大楓の紅葉がピークなら，滝とのコンビネーションを堪能できたかも。落差10mほどはある
下左：荒河内滝から南へ数百m下って発見した２段瀑。崩落で出来たのだろうか
下右：2011年の紅葉は高温多雨で散々だったが，道沿いに赤く色づいた光景を垣間見ることもできた

所在地● 東臼杵郡椎葉村大河内
［駐車スペース有］
問合先● 椎葉村役場
☎0982－67－3111
＊地図は130ページ

野地の大滝《のじのおおたき》

落差25m

前ページの荒河内滝沿いの国道３８８号線を南下し、国道２６５号線を西米良《にしめら》村方面へさらに２kmほど行くと、道路沿いの左側に落ちている。駐車スペースは充分で石碑も立っている。

右上：細く５段に落ちる美しい滝
左上：岩盤に当たって滑るように落ちるためか，滝壺は浅く，静かな滝音が心地よい
右下：駐車スペースも充分。道路沿いでアクセス抜群の滝

所在地●東臼杵郡椎葉村大河内
［駐車スペース有］
問合先●椎葉村役場
☎0982－67－3111
＊地図は130ページ

鹿児島県

麻漬の滝（136ページ）

布引の滝《ぬのびきのたき》

落差20m

九州自動車道姶良《あいら》ＩＣを降りて県道57号線へ左折、10分ほど走ると右手に滝への案内標識が見えてくるので右折する。住宅街の狭い路地に入るので注意しよう。少し先にゆとりある道があるので、こちらから入った方がよいかもしれない。白銀《しらがね》坂の近くにあり、白銀の滝ともいう。

上：白い布を垂らしたような大きくて美しい滝
左：遊歩道は新しく，屋根つきの展望台も設けられている
右：森林浴が楽しめる公園になっていて，案内標識もしっかり作られている

所在地●姶良市脇元［駐車場有］
問合先●姶良市役所　☎0995－66－3111
＊地図は左ページ

三重の滝《さんじゅうのたき》

全落差13m（3段）

前ページの布引の滝から県道57号線を1・5kmほど戻り、県道446号線へ右折して県民の森に向かいひたすら北上する。公園内に進むと滝への案内板があり、駐車場から吊り橋を渡っていくと右手に見える。

左：文字通り3段の滝。個人的な感想としては，真ん中の滝がもう少し中央に向いていたら名瀑だと思うのだが……
左下：吊り橋を渡ると，一番よく見える地点に「三重の滝眺望地点」と親切な看板がかかっている

所在地●姶良市北山（県民の森）［駐車場有］
問合先●姶良市役所　☎0995－66－3111

麻漬の滝《あさつけのたき》

落差15・3m

切り立った岩盤の中央に
落ちる美しい滝

前ページの県民の森から県道４４６号線を南下し、交差点を県道40号線へ右折、県道42号線に入って薩摩《さつま》川内《せんだい》方面へ。樋脇地区から県道36号線へ、さらに西へ進むと青い滝の看板がある。案内に従って林道を進むと、同じ青い看板があるので駐車する。山道を数分下りると見えてくる。その昔、カズラを滝壺に浸し、麻の原料としていたことから名付けられたという。

上：苔がびっしりと生え，滴るように幾筋もの流身を落とす
下左：いたるところに案内表示があって迷うことがない。どの滝もこうあってほしいものだ
下右：県道36号線沿いの看板。ここから山道へ入る

所在地●薩摩川内市百次町
［駐車スペース有］
問合先●薩摩川内市役所
☎0996－23－5111

藤本の滝《ふじもとのたき》

全落差30ｍ（2段）

前ページの麻漬の滝から県道36号線を宇都三差路に戻り、右折して県道36号線を南下すると藤本小学校が右手に見える。少し先の左側にロータリーがあり、わかりやすい滝の案内板が設置されている。そこを左折してすぐ、藤本の滝の案内標識に従って3分ほどで広い駐車スペースに着く。夏場は夜間ライトアップもされるようで、地元の名所としてよく整備されている。

上右：正面から眺めると２段落ちの一部が欠けて見えるので，左側の丘に登って撮影した
上左：半円形の立派な観賞用テーブル席
右：ロータリー前にある滝の写真付案内看板。藤本の滝や岩下仙峡へ向かうルートがとてもわかりやすい
左：滝壺が池のようにとても広い

所在地●薩摩川内市樋脇町［駐車スペース有］
問合先●薩摩川内市役所　☎0996－23－5111
＊地図は137ページ

洗心の滝《せんしんのたき》

落差15m

藤本の滝からロータリーへ戻る少し前に、藤本集落へ向かう山道がある。約1㎞坂道を上っていくと、岩下仙峡の案内板がある駐車場に着く。鬱蒼としていて観光地という雰囲気ではない。岩下仙峡は上流より「仙人の滝」「洗心の滝」「践祚《せんそ》の滝」と3つの滝が続く。今回は案内板から最も近い洗心の滝を撮影した。

所在地● 薩摩川内市
入来町浦之名
［駐車場有］
問合先● 薩摩川内市役所
☎0996－23－5111

＊地図は137ページ

上・下：ぬかるんだ急斜面を登ると見えてくる。巨岩，巨石に覆われた手つかずの自然だった

轟の滝《とどろきのたき》

落差５ｍ

鹿児島方面から国道３号線を北上し、国道３２８号線から県道40号線へ左折。２㎞ほどで右折し、さらに約２㎞先、右側の公園化された川沿いを走ると川へ下りる道がある。

上：小さな滝だが，よく見ると３段落ちで，なかなか形も良い
右：滝壺が広く，観光客も記念撮影や滝遊びに興じていた

所在地● 鹿児島市郡山岳町
［駐車場有］
問合先● 鹿児島市役所郡山支所
☎099－298－2111

比志島《ひしじま》の滝《たき》

落差17m

鹿児島市内から国道3号線を北上し、河頭《こがしら》交差点の数m手前の河頭バス停横に小さな道があるので右折する。住宅街を抜けて数分ほど林道を上ると左側に石碑が立っており、幾分広いスペースがある。ここに駐車して歩いた方が無難。この先は車1台分ほどの狭い山道で、無理に進むとバックで戻ることになるので注意しよう。

上：鹿児島市内で一番大きな滝。前日の雨で水量が増え，轟々と飛沫を飛ばす姿は迫力満点
右：歩道の行き止まり地点で撮影。ここでも雨と滝飛沫でびしょ濡れになった

所在地●鹿児島市皆与志町［駐車スペース有］
問合先●鹿児島市役所伊敷支所　☎099－229－2111
＊地図は右ページ

花房の滝《はなふさのたき》
落差19・2m

九州自動車道横川ＩＣから県道50号線、国道２２３号線を牧園町中心部へ向かう。途中「旅行人山荘」方面に左折し、上り坂を進んで広い駐車場に到着。遊歩道を滝案内に従って徒歩15分。霧島でも有名な高台にあるホテルで、駐車場から森林浴を楽しみながら滝まで散歩できる。滝に近づいていくと登りと下りに分かれ道があり、どちらにも展望台があるが、左方向へ下りた方が滝下部分まで見下ろせる。どちらにしても遠望になるため、写真のフレーミングは限られてくる。

上：もっと近くで見たいが無理は禁物。注意看板に従いましょう
下：この先は左右に分かれるが，左がおすすめ

上：滝の高さ，深さ，幅などが詳細に明記された看板
右ページ：展望台の先に樹木が生い茂り，滝壺がはっきり見えない。仕方なく滝上部を撮影した

所在地●霧島市牧園町高千穂［駐車場有］
問合先●霧島市役所　☎0995－45－5111

布引の滝《ぬのびきのたき》

落差12m

その名の通り手拭いを掛けたような滝で，蒼い温泉水が溜まったジャグジーバスのような滝壺をもつ

所在地●霧島市牧園町高千穂［駐車場有］
問合先●霧島市役所　☎0995－45－5111
＊地図は143ページ

前ページの国道２２３号線で、丸尾温泉街から県道1号線（小林えびの高原牧園線）に入り約７００ｍ、道路沿い右側に滝の標識と階段がある。地元の名所「丸尾の滝」の上流に当たり、案内標識の少し先の左側に広い駐車場がある。階段の途中で道が崩れており、木々をつかまえながら川へ下りていった。道沿いには温泉街へ温泉水を送るパイプが通っていて、霧島独特の景観を見せている。

左上：駐車場から川を覗くと，乳白色の温泉が流れていた
左下：蛇行している県道は車の通行量が多い。用心して渡ろう

御手洗滝《みたらしのたき》

落差4m

前ページの布引の滝から国道223号線に戻り、霧島神宮へ向かう。神宮のロータリーから左折して進むと、滝とそうめん流しののぼりが見える。個人の敷地内にある小さな滝だが、水量豊かで、苔むした岩が美しい。4月頃から水が湧き出し、冬になると枯れてなくなるという〝霧島七不思議〟の滝。小さな滝ということで全く期待せず、霧島撮影の最後に訪れたが、あまりの素晴しさに驚嘆した。降雨量によって滝が湧き出す時期が若干違うそうだが、開店時期に現れ、営業終了とともに消えていくなんて、何てオーナー思いの滝なのだろう。撮影後にいただいたそうめんは格別だった。

右ページ：滾々と湧き出す清水と苔のコンビネーション
上左：部分的にどこを撮っても絵になる湧水の滝群
上右：滝を見ながらそうめん流しを楽しむ人たち。話し声が，溢れ出る滝音でかき消されてしまう
下左：大きな看板やのぼりがあるところから階段を下りていくと見えてくる
下右：清涼感溢れる音と一体となって，いつまでも佇んでいたい場所

所在地●霧島市霧島田口
［駐車場有］
問合先●霧島市役所
☎0995－45－5111
＊地図は143ページ

時間を忘れてしまう自然の滝庭園

尾田の滝《おたのたき》

落差4m

横川ＩＣから県道50号線に入り牧園町方面へ５００ｍ、肥薩線のガード下をくぐって左折すると天降《あもり》川に出る。橋を渡り２００ｍ先の右側にある。

上：滝壺に下りる道が見つからず，上から撮影した
右上：天降川に続く滝からの流れ
右下：ガードレールの左手が滝。高速道路が右前方に見えている

所在地●霧島市横川町
［駐車スペース有］
問合先●霧島市役所横川総合支所
☎0995－72－0511

八瀬尾の滝《やせおのたき》

落差25ｍ

指宿《いぶすき》スカイラインを川辺ＩＣで下り国道２２５号線を南下、約４㎞で左側に「八瀬尾大滝」の看板がある。林道に入って突き当たりを右折、後は道なりに進む。上流に８つの滝が連なるそうで、道路沿いから見える。

上：末広がりの流身だけで充分絵になる。周りに紅葉などのアクセントがなくとも，存在感は充分だ
右：滝を見るスペースは広い。左側から撮った１枚

所在地● 南九州市川辺町
［駐車スペース有］
問合先● 南九州市役所
川辺支所
☎0993－56－1111

ダムに沈む滝と巨樹

大小３株の杉が根元でくっつき一体となっていて，根回りは13mを超える。佐賀県指定天然記念物

５月の陽気の中、福岡県那珂川《なかがわ》町の筑紫耶馬渓《やばけい》を撮影した後、「稚児落《ちごおと》しの滝」を撮影するため、県境にある吉野ケ里町に向かった。近場なので特に市町村に確認せず、わからなかったら地元の人に尋ねるつもりでいた。

国道から狭い県道に右折し、５００ｍも走れば車窓から見えると情報をつかんでいたがわかりづらい。右側の川ばかり気にしながら走っていると、ふと左前方の小高いところに立つ、大きな2本の杉の木が目に飛び込んできた。

「あっ！　この杉もしかしたら……」

狭い県道だったが、一時停車できる場所に車を置き、階段を上っていく。さら地になったような広場に夫婦杉が立っている。勘は的中した。

「この杉だよ……『小川内《おがわち》の杉』というんだけど、ダムに沈む地区なので、敷地内にあった神社が先に引っ越してしまったんだ。主《あるじ》を失った行き場のない御神木として新聞の一面に出てたよ」

まさかこんな出合いになるとは思ってもみなかったし、次第に気になってきた。どうりでさっきから狭い県道を大型トラックが行き交っているわけだ。

「それじゃあ、この一帯はダムに沈むのかなあ」と妻と話しながら少し先のお店に行ってお話を伺った。「稚児落しの滝はこの川沿いにあって、少し戻り道路が窪んだところから見れますよ。

ダムに沈んで消えてしまう美しい渓谷。この先に稚児落しの滝があり，ここからも樹高27 mの小川内の杉の天高く伸びている姿が見える

わかりづらいけどね。でも、ダム建設でなくなるんですよ、川ごとね。えっ？ 小川内の杉ねえ……まあ、いろいろ対策が考えられているとは聞きますけどねえ……」と歯切れが悪い。

滝めぐりに来たのに、すっかり前作『九州の巨樹』の取材状態になっていた私は、この立派な夫婦杉の去来が気になって仕方がなかった。ここからわずか５km四方に南畑ダムと脊振《せふり》ダムがある、なのにもう１つのダム？ と思うが、地元の水害対策などの諸事情があるのだろう。ここは佐賀県なのに福岡県側の管轄で工事が進んでいるそうだが、ここでダム建設の是非を問うなどという気は全くない。本書は純粋にガイドブックとして、今九州に存在する自然界の宝を紹介することが目的なのだ。

私は水没する滝と川、そして未だ運命が決まっていない巨樹を写真に残しておこうと、１００の絶景番外として撮影を続けた。

永遠に故郷が変わらぬ姿で残り続けることはできなくとも、記憶と写真で語り継いでいきたい。ライフワークとして、そして自身のテーマとして決意を新たにした１日だった。

鯉が泳ぎ、熊がいた滝？

檻の中から「何見てるんだ！」と
言わんばかりに睨まれてしまった

旅を続けていると、奇想天外な場面に出くわすこともある。佐伯市に初めて滝撮影に行った時のこと。大分県の東側は今まであまりドライブ経験がなく、多少わくわくしながらの探検ドライブだった。

観音滝（64ページ）に向かって国道10号線を走っていたところ、本匠《ほんじょう》という地区で滝が見えた。道路から滝が見えることは何度か体験済みだったが、意外に幸先良いスタートに思えて驚いた。

「ラッキー！　これ滝だよね？」

道路沿いに駐車場まで完備され、レストランがある。滝はその右側奥に落ちていて、岩盤の形状や落ち方が実に優美に見えた。

「こりゃ拾いものだな。何という滝だろう」と車を降りて滝壺へ向かう。覗き込んでさらに驚いた。たくさんの鯉が泳いでいて、管理されていることがわかる。レストランで聞いてみようかと思ったが、どうも今日は定休日のようだ。

とりあえず撮影した後で市役所に確認してみようと思い、シャッターを押し続けた。

「さあ、そろそろ行こうか？」と声をかけると、「ガオッ！　グルル……」

ふり返ったら妻ではなく熊だった！（もちろん檻の中）

「何で？　どうして？　誰もいないぞ！　置き去り？　誰かが飼ってるのかなあ」

これは滝壺というより鯉の生けすだ

数カ月後、市役所に尋ねてみると、「あれは人工滝なんですよ。ドライブインレストランのオーナーさんが趣味で作った滝でね、ポンプで汲み上げていたんですよ。しかし残念なことにレストランは閉鎖になって、今は滝も止まっています。熊ももういません。昔は川向こうに橋を掛けて猪なんかも飼われててね。紹介いただくのは大変嬉しいですが、今はなくなってしまいました」とのこと。

何と夢大きい人がいたのか。レストラン営業中は、さぞかし地元の名物だったのだろう。しかし、九州に熊はいなかったのでは？　どこから連れてこられたのだろうか……と思っていた矢先、２０１１年に九州の山中での熊目撃情報が報告された。

このとき以来、カメラリュックにベアベル（熊除けの鈴）をぶらさげて滝めぐりをしている私なのです。

私流 滝写真の撮り方

デジタルカメラの進化に伴い、写真愛好家の裾野が次第に広がってきました。携帯やコンパクトカメラで撮影することに限界を感じ、一眼レフへ移行する人たち、さらにミラーレス一眼レフの誕生で、カメラ業界もユーザーもやや過熱気味のようです。

特にコンパクトカメラと一眼レフとの違いを顕著に表す被写体が、滝を含む水風景といっても過言ではないでしょう。水はただの無色透明な液体ですが、自然風景の中で、溜まる、流れる、落ちる、そして輝く……様々な表情を随所に見せてくれます。こんなに表情豊かな被写体を意のままに撮影できたらどんなに楽しいことでしょうか。

現場で感動した風景を写真に撮り、持ち帰って作品に仕上げ二度感動する。せっかくなら、こんな目的をもってドライブに出かけてみませんか。そこで、「滝写真を作品に仕上げる」ための、私流の撮影ポイントを紹介しておきましょう。

コンパクトカメラの限界とは

コンパクトカメラの利点は軽量で小さいこと。旅先で簡単に取り出せ、記録代わりの撮影には最適です。今では露出補正など、一眼レフ機能の一部を搭載した優れものもあって、あなどれません。特に女性向けの様々なデザインと色使いで人気でしたが、高画素のスマートフォンの登場などで、やや陰りも見えてきたように思えます。

一般的なコンパクトカメラは、写真が無難に写るように、シャッタースピードが速めに固定されています。つまり、手ブレなどの失敗や暗いところでの露出不足などが起こらないように自動でフラッシュが光ったり、勝手に高感度に変わったりと、撮影者の表現力は構図以外関係ないのです。

一眼レフの利点・欠点とは

一眼レフの利点・欠点はコンパクトカメラの逆と考えて良いと思います。大きくて重く、男性の趣味の世界であった一眼レフですが、軽量でリーズナブルな一眼レフの登場により

高速で撮影（ISO320／絞り f 3.4／シャッタースピード250分の１秒）

低速で撮影（ISO100／絞り f 20／シャッタースピード1.3秒）

女性にも支持されるようになりました。そしてミラーレス一眼レフの登場で、さらに愛好者が増えています。

滝を含む水風景の撮影で、「雲のような水の写真はどうやって撮るのだろうか」という質問を受けます。滝や渓流の流れはシャッタースピードを変えることで、上の写真のように同じ構図でもイメージが変わります。つまり、写真の世界ならではの表現ができるのが一眼レフカメラによる「滝写真撮影」なのです。

写真は絞りとシャッタースピードの相互関係で映像化されます。露出は露光ともいいますが、光がレンズを通して入ること。この光を調整・制御するのが絞りで、シャッタースピードは露出に相反します。露出を解放（広く開けて光をたくさん入れる）に近づければ、写真が露出オーバー（不自然に明るくなる）とならないようにシャッタースピードは速くなり、露出を絞り込めば、逆にスピードは遅くなるのです。この原理をうまく利用して水の流れを止めたり、雲のように撮ることもできるのです。

準備するもの

ズームレンズ付きの一眼レフカメラと三脚、そして長靴と杖があればベストです。

滝は常に明るい場所にあるとは限りません。むしろ光が届かない、暗い場所での撮影が多くなります。暗い場所ではシャッタースピードは遅くなり、手持ち撮影では手ブレの危険性が生じます。また、意図的に1秒前後のシャッタースピードで「滝を雲のように撮る」場合、三脚は必需品です。

もし皆さんが最高級の一眼レフで手持ち撮影に挑んだとしても、安価なファミリー機を三脚にセットして撮影した作品にはかないません。三脚を敬遠する人にとっては確かに重荷ですが、カーボンタイプを購入するなどの工夫でかなり軽減されます。

滝壺の前に来て、渓流で行く手を遮られるというケースも多々あります。長靴を履けば、滝壺に入って様々な角度から自由に構図を決めることができます。私は釣具店で買ったフェルト底の長靴を使用しています。これは滑りにくいので、藻が生えている岩場を歩くときに重宝します。また、胸の部分まで保護された渓流釣り用の長靴も持参します。一般の長靴では不可能な深い滝壺に入っていくこともできます。

そして最後に〝転ばぬ先の杖〟です。１００円ショップのもので充分、身長に合わせて1、2本準備すると階段の上り下りがとても楽になります。また、生い茂る草薮をかき分ける際にも一役買ってくれるのです。

私は下の表の一式をリュック型のカメラバックに入れ、両

一眼レフカメラ	高価だが防塵・防滴仕上げだと安心。防滴でなければ，シャワーキャップやビニール袋でカバーすることで滝飛沫を避けられる。
交換レンズ	広角・標準・望遠の3タイプがあれば充分。展望台から遠く離れた滝を寄せたり，流れの一部分をクローズアップ撮影したりするには望遠が有利。滝に近い場所で全景を入れ広く撮影したい場合は広角。レンズ交換が面倒なら，広角から望遠までカバーする高倍率ズーム1本でも充分。
レリーズ	特に三脚にカメラを固定し，スローシャッターを切るときに必要。ブレ防止のため。ちなみに私はレリーズをあまり使用せず，カメラ側の2秒タイマーを多用します。これは便利です。
バッテリーと充電器	バッテリーは自宅で2個満タンに充電して持っていく。2日以上の撮影旅には充電器をお忘れなく。
CF・SDカードの予備とフォトストレージ	カードに溜まった写真データをコピーする。長旅では威力を発揮。私はCFカードがいっぱいになったら，フォトストレージに撮影済写真をコピーしながら，もう1枚のCFカードで撮影しています。1000万画素のRAWデータを1万枚保存できる機種を使用しています。
PLフィルター	反射制御とスローシャッター効果の意味も含めて，各レンズに1枚あれば便利
レンズクリーニング用のペーパーや布	飛沫対策。キズの原因になるので，決して服やハンカチなどでレンズを拭かないこと。

手をフリーの状態にして向かいます。ご参考までに。

滝の形を知る

滝を雲のように流す、あえてブラす、そして飛沫の一滴一滴を止めるなど、どのような写真を撮るか決めてからシャッタースピードを調整しますが、次のような滝の形を知ることで、その判断力が高まります。

①直瀑

火山地帯によく見られる滝で、切り立った断崖から一気に垂直落下する。滝壺は深くえぐられ、一帯に滝飛沫が舞い上がる。外国にも多く見られる男性的で豪快な滝。阿蘇の「数《す》鹿《が》流《る》ケ《が》滝」「鮎帰りの滝」、霧島の「千里ケ滝」、人吉の「鹿《かな》目《め》の滝」（写真A）、五木村の「大滝」など。

②分岐瀑

岩盤の凹凸に沿ってゆっくりと流れてくる滝。このため滝壺は浅く、女性的で日本的な風情がある。岩盤の段差によって水が様々な変化を見せ、作品作りに多用される滝ともいえる。周囲に楓の木などがあれば最高の絵作りができる。高千穂町の「常光寺《じょうこうじ》の滝」（写真B）、糸島市の「白糸の滝」など。

③渓流瀑

緩やかな斜面を川のように流れる滝。滝壺を持たないものも多い。落差というより、全長と表現した方がいいのかもしれない。人吉の「布《ぬの》の滝」（写真C）、天草の「祝口観音《いわいぐちかんのん》の滝」「御手水《おちょうず》の滝」など。

④段瀑

地殻変動で階段状になった滝。それぞれの段ごとに滝壺があり、溜まった水がさらに下へと落ちていく。姶良《あいら》市の「三重の滝」、嬉野市の「轟の滝」（写真D）など。

D

着いたらまず現場確認

滝に到着すると、一刻も時間を無駄にしたくない、早く撮りたいと焦りがちですが、ちょっと一呼吸して全体を見回してみましょう。

滝写真では周りの木々や渓流、滝の基盤である岩盤、そして射し込む光や空までもが味付けの役割を果たしてくれます。自分の目をカメラのレンズに置き換え、全景を見たら、いろいろなフレーミングを考えてみる。そして、そのフレーミングに合ったレンズをカメラに装着し、手持ちで様々なアングルを試してみる。構図が決まったら三脚に固定して撮影します。

イージーな撮影をしない

私は長くリバーサルフィルムを使った撮影を続けてきました。高画質の風景写真を撮りたければ、重い中判カメラや大判カメラを抱えていく時代でしたから、一眼レフで35ミリフィルム撮影となると、小さな画面いっぱいの作品に仕上げることに集中したものです。

ところが、今では安価な高画素の一眼レフで、中判はおろか大判カメラをも超えるシャープな撮影が可能です。このため現場で大まかに撮影し、帰宅後にトリミングしている人もいるようです。フィルム撮影では慎重派だった人も、パソコンの補正処理で簡単に解決、海外では「ピントも後からパソコンで調整」などというカメラが登場したと話題になりました。

写真が上手くなりたければ、現場でしっかりフレーミングをして、露出もほぼ完璧に決めるよう心がけましょう。パソコンでの調整は最小限に留めたいものです。せっかくの高画素写真も、安易なトリミングでもったいないことになりますよ。

滝を撮ってみよう

同じ滝でも、シャッタースピードを変えながら撮影することでかなりイメージが変わります。迷ったら同じ構図で高速、スローとスピードを変えて撮影してみましょう。また、たとえ高速シャッターで撮る場合でも、三脚にしっかり固定して撮りましょう。特に望遠レンズを使用する場合はブレに注意です。

ここでポイント！

高速シャッターのスピードは２５０分の1以上になるような条件にする。そして低速シャッターは4分の1以下になるようにしましょう。8分の1秒から１２５分の1秒の間で撮った写真と比較してみてください。携帯写真やコンパクトカメラで撮ったような、平凡で感動のない写真になってしまいます。

これは個人の好みの問題ですが、せっかく作品に仕上げようと思うのなら、写真ならではの表現方法をとってみたいものです。

■高速シャッターで撮る場面

水量豊富で落差がある豪快な滝は、断然高速シャッター向きといえます。シャッター優先モードで２５０分の1秒以上に指定するか、絞り優先モードの場合はなるべく解放に近い数値、f２・８〜５・６まで開けてみて、シャッタースピードが２５０分の1以上になっているか確認します。それ以下であれば、ＩＳＯ感度を２００〜４００まで上げてみて調整しましょう。もちろんＰＬフィルターは外すようにしてください。

【例】水飛沫が飛び、水量が多い直瀑を撮る
――千里ケ滝（鹿児島県霧島市）

この滝は水量が多いときが狙い目なので、梅雨明けの時期に訪れた。霧島山中に降り注いだたっぷりの雨が、75mもの高さから堰を切ったように落ちてくる。

写真E　シャッタースピード５００分の1秒で撮影したため、落下する水の裂け目までが止まり迫力満点。白い瀑煙が大きな岩の斜面を右方向へ上がっていく。このため滝をやや

左側に配置した。

写真**F**　滝が落下し、岩に砕け散る部分を望遠レンズで捉える。大瀑音が画面から伝わるような作品に仕上げた。

【例】雨上がりの滝を撮る ― 関之尾の滝（宮崎県都城市）

日本の滝百選に選ばれた名瀑を、外国の迫力ある大瀑布のように撮ってみた。

写真**G**　甌穴《おうけつ》でも有名な奇岩の隙間から、大量に流れ着いた水が一気に落下する。滝を画面いっぱいに入れ、カナダのナイアガラの滝や南アフリカのビクトリアフォールズをイメージしながら撮影した。感度をＩＳＯ４００にＵＰして高速シャッター２５００分の１秒で滝飛沫の一滴一滴が止まった。肉眼では捉えきれない迫力をモノトーンで表現した作品。

低速シャッターで撮る場面

緩やかな傾斜の岩盤を伝わりながら流れる分岐瀑や渓流瀑は低速シャッターに向いた素材といえます。三脚にカメラをしっかり固定し、露光中にブレないようにすることが大切です。

ここで注意したいのは、以下の３点です。

①三脚を流れのある川の中に立てない（振動が伝わりブレの原因となる）。

②風が強い時は三脚にカメラバックなどを下げて固定し、風の治まる間合いを見計らう。

③シャッターは必ずレリーズかタイマーを使用する。

【例】白糸の滝を白糸のように撮る

― 白糸の滝（熊本県阿蘇郡小国町）

写真H　これほど見事な岩盤は見たことがない。黒い岩盤をリズムに乗って水が落ちてくる様を、シャッタースピード4分の1秒で撮影した。風で揺れる木々がブレて空気感まで伝わってくる。水の流れる速さや周りの状況にもよるが、4分の1秒で捉えると水がまるで糸のような軌跡を残す。晴天の日に撮ると、滝に光が当たってキラキラと金属のように輝く瞬間がある。私が多用する好きなシャッタースピードでもある。

【例】ライトアップされた滝を幽玄に撮る

——丸尾の滝（鹿児島県霧島市）

写真I　温泉街にあるこの滝は観光客が絶えない。夜ライトアップされると、傾斜した柱状節理《ちゅうじょうせつり》に光が当たってメタリックに輝く。シャッタースピード20秒で撮影した夜間撮影。

写真のフレーミングを考える

写真作品はずばり、皆さんそれぞれの「絵心」です。目の

前の光景を何もかも写真内に収めたい気持ちはよくわかりますが、写真は引き算といわれます。つまり、目の前の広大な風景を見て、どこに感動したのかということ。それが決まれば、後は味付けをしてくれる部分までをフレーム内に入れるのです。

ただ、落差が低くて直瀑の単調な滝は、それだけを撮ってもインパクトは薄いものです。こんなときは引き算ばかりではなく、周辺の風景を大胆に取り入れて変化を与えてみましょう。

【例】銚子の滝（大分県佐伯市）

写真**J** 滝だけを見ると単調。

写真**K** 蒼く広い滝壺に浮かぶ水草をワンポイントで入れてみた。これ以上ワイドにすると滝が小さくなりすぎて存在感がなくなってしまう。

【例】轟の滝（長崎県諫早市・轟峡）

写真**L** 10mほどの直瀑のクローズアップだと面白い作品とはいえず、感動も湧かない。

写真**M** 赤茶色の岩盤をバックに右上からせり出した大きな新緑の楓を入れ、蒼い滝壺に浮かぶ岩を右下に配置し、日本庭園のような雰囲気が漂う静寂な作品に仕上げてみた。

邪魔なものをうまく利用する

【例】名水の滝（大分県由布市）

写真**N** 湧水が流れるこの滝は、正面から撮ると左側から伸びた大きな枝が滝を遮り目障りだった。

写真**O** 右サイドに移動、滝に下りる階段から撮影した。幾重にも重なる個性的な断層、滝の真上から照りつける真夏の太陽、そして邪魔な枝が写真のアクセントになってくれた。右の岩と水の流れが、大きな耳を垂らした犬のようにも見える。

プリントの大切さ

写真はプリントして初めて作品になります。パソコン画面でスライドショーも良いのですが、せめてA4サイズ以上にプリントし、額装して飾ってみましょう。パソコンの透過光で見るだけでは、写真本来の味わいは楽しめません。

滝は清涼感を与えてくれます。ハガキにプリントして送るもよし、大判プリントして作品展を開催するもよし、人に見てもらっていろいろな意見を吸収し、写真力を高めていきましょう。

J

K

M

L

N

O

あとがき

あれは、出版社での何気ない会話からだったと記憶しています。「まだ九州に滝はありますか？　その、何と言うか、〝落ち葉拾い〟とかじゃなくて……」と言われ、「１冊目に掲載できなかった撮影済みの滝や、まだ出合っていない滝を含めば１００では収まりきれないですね」と答えていました。〝落ち葉拾い〟とは、紹介するほどでもない滝という意味で言われたのでしょうが、これが続編にとりかかるきっかけとなりました。

まずは１００カ所のピックアップにとりかかり、情報を集めていくと１５０カ所ほどになりました。また１００の滝を目指して九州各地を巡るのは、気が遠くなるような道のりでしたが、初心に帰るようで気分は高揚。ただ違うのは、１冊目の撮影はガイドブックを意識したものではなかったのですが、今回は撮影当初から目的があります。「この写真は見開きでドーンと２ページだな」とか「ここはこんなふうに紙面づくりをしてみよう」とか、すでに頭の中は編集室と化していました。

撮影も進み、訪れた日向市東郷町の産《む》巣《す》日滝《びのたき》。真夏の太陽がスポットライトのように真上から射し込み、まるでダイヤモンドのような美しさ。道路のすぐ下にあるのに、そこだけが別世界。入口と滝壺にある２つの看板の名前が違い、市役所の観光課に問い合わせてもわからない。まるで今回の本を象徴するかのようで、カバーの写真はここに決定しました。

今回３作目の編集を担当してくださった田島卓さん、初めてとは思えぬパートナーで、とても楽しく仕上げることができました。そんな雰囲気が読者の皆さんに伝わればいいなと思っています。アットホームな海鳥社スタッフの皆さん、１作目から温かく迎えてくださった西俊明社長に心より感謝申し上げます。

そして、今回の長い旅もすべて同行してくれた妻ゆり香、熊本県五木村で妻が偶然発見した滝の名が後日「ゆり滝」とわかって同じ名だと喜んだ想い出、大分県での真夏の滝撮影では、あなたが手を伸ばしてくれなかったら今頃私はここにいないかもしれませんね。危うく３ｍ下の滝壺に転落するところでした……。助けてくれて本当にありがとう。

最後に、撮影先でお世話になった温かい地元の皆様、応援してくださったすべての皆様に心をこめて、ありがとうございました。

２０１２年４月

熊本広志

100カ所目の撮影地，宮崎県椎葉村の「野地の大滝」前で

熊本広志（くまもと・ひろし）
「地元再発見の旅」をテーマに九州各地を撮影。
著書に『九州の滝　100の絶景』（2007年，海鳥社），
『九州の巨樹　100の絶景２』（2009年，海鳥社）がある。
現在，九州内外を問わず精力的に取材，撮影中。

発見《はつけん》！　九州《きゆうしゆう》の滝《たき》
100の絶景《ぜつけい》３

■

2012年７月20日　第１刷発行

■

著　者　熊本広志
発行者　西　俊明
発行所　有限会社海鳥社
〒810－0072　福岡市中央区長浜３丁目１番16号
電話092(771)0132　FAX092(771)2546
印刷・製本　秀巧社印刷株式会社
ISBN978-4-87415-854-8
http://www.kaichosha-f.co.jp
［定価は表紙カバーに表示］